Verlag für System

Ariane Bentner (Hrsg.)

Vom Meckern zum Wünschen

Studie zur Wirksamkeit des lösungsfokussierten Programms „Ich schaffs!"

Mit einem Vorwort von Thomas Hegemann
und einem Interview mit Ben Furman
2013

Der Verlag für Systemische Forschung im Internet:
www.systemische-forschung.de

Carl-Auer im Internet: www.carl-auer.de
Bitte fordern Sie unser Gesamtverzeichnis an:

Carl-Auer Verlag
Vangerowstr. 14
69115 Heidelberg

Über alle Rechte der deutschen Ausgabe verfügt
der Verlag für Systemische Forschung
im Carl-Auer-Systeme Verlag, Heidelberg
Fotomechanische Wiedergabe nur mit Genehmigung des Verlages
Reihengestaltung nach Entwürfen von Uwe Göbel & Jan Riemer
Printed in Germany 2013

Erste Auflage, 2013
ISBN 978-3-89670-970-7
© 2013 Carl-Auer-Systeme, Heidelberg

Bibliografische Information der Deutschen Nationalbibliothek:
Die Deutsche Nationalbibliothek verzeichnet diese Publikation
in der Deutschen Nationalbibliografie; detaillierte bibliografische
Daten sind im Internet über http://dnb.d-nb.de abrufbar.

INHALT

„Ich schaffs!" erfreut sich seit 15 Jahren einer immer größeren Beliebtheit bei Praktikern in der Arbeit mit Kinder und Jugendlichen. Mehrere Hundert Pädagoginnen, Erzieher, Psychologinnen, Lehrer, Therapeutinnen und Ärzte haben seither in Deutschland, Österreich, der Schweiz und Südtirol die Trainingskurse des „Ich schaffs!"-Instituts durchlaufen und haben die Idee der lösungsfokussierten Arbeit erfolgreich vor Ort in Schulen und Horten, Kindergärten und Tagesstätten, Einrichtungen der Jugendhilfe und der Jugendarbeit, kinderpsychiatrischen Praxen und Kliniken, ergotherapeutischen und logopädischen Praxen und vielen anderen Einrichtungen, die mit Kindern und Jugendlichen und ihren Eltern arbeiten, umgesetzt.

Dies zeigt, dass „Ich schaffs!" zu einem geschätzten Lernprogramm für eine große Breite von Fähigkeiten geworden ist. Für soziale Kompetenzen, die im Leben mit anderen gebraucht werden, ebenso wie für psychische Kompetenzen, um mit sich selbst und seinen Affekten gut zurecht zu kommen; aber auch für akademische Fertigkeiten, um in Schule und Ausbildung gut zu bestehen, genauso wie für motorische und sensorische Fähigkeiten, um Einschränkungen kompensieren zu können und einfach immer besser zu werden.

Ben Furman und seine Kollegen im *Helsinki Brief Therapy Institute* haben mit „Ich schaffs!" und seiner englischen Version Kids' Skills ein konsequent an der lösungsfokussierten Praxis ausgerichtetes Motivationsprogamm geschaffen, das in vielen anderen Ländern ebenso große Begeisterung wie im deutschsprachigen Raum findet und daher in mehr als 15 Sprachen übersetzt wurde.

Trotz dieses Erfolges berichten die „Ich schaffs!"-Coaches immer wieder, dass ihnen von manchen Seiten eine gewisse Skepsis entgegen gebracht wird mit dem Argument: „Ist der Erfolg von „Ich schaffs!" denn wissenschaftlich erwiesen?" Bisher mussten sie sagen: „Noch nicht."

Mit dieser Arbeit wird die Lücke nun geschlossen!

Die hier vorgelegte Untersuchung von Ariane Bentner, Anja Becker und Julia Stephan zeigt richtungsweisend in ihren qualitativen und quantitativen Teilen die Wirksamkeit von „Ich schaffs!" anschaulich auf. Gerade die zahlreichen hier systematisierten Experteninterviews zeigen – wie auch schon die Praxisberichte in den vorangegangenen Publikationen von Bauer & Hegemann (2008) und Furman (2011) – wie erfolgreich dieses Konzept in ganz unterschiedlichen Kontexten eingesetzt wird. Durch die Ergebnisse werden die vielen Berichte nun auf eine fundierte Weise anschaulich untermauert.

Neben den engagierten Anwendern von „Ich schaffs!", die allein schon durch ihre Arbeit für das Programm begeistern, wird diese Untersuchung dazu beitragen, dass lösungsfokussiertes Arbeiten mit Kindern und Jugendlichen noch mehr Verbreitung findet.

Daher möchte ich hier den Autoren und allen Experten, die zu dieser Untersuchung beigetragen haben, herzlich danken und diesem Buch eine weite Verbreitung wünschen.

München, Oktober 2012, Thomas Hegemann

LÖSUNGEN, DIE WEITERBRINGEN – WIE ALLES BEGANN UND WARUM DIESE WIRKSAMKEITSSTUDIE(N)

„Ich schaffs!" ist eine Sammlung von kreativen Ideen und Techniken, die sich im Umgang mit kindlichen Problemen als nützlich erwiesen haben. Dahinter steckt ein klares und gut nachvollziehbares Programm von aufeinander folgenden Schritten, das Kindern vom Vorschulalter bis in die Pubertät hilft, Schwierigkeiten konstruktiv zu überwinden – seien es Verhaltensprobleme, Aufmerksamkeitsstörungen, Ängste oder einfach schlechte Angewohnheiten. Das Programm basiert auf der lösungsorientierten Sichtweise, dass Kinder neue Fähigkeiten erlernen müssen, um Schwierigkeiten zu überwinden. Ben Furman, der das Programm entwickelt hat, zeigt, wie sich einzelne Probleme in passende Fähigkeiten verwandeln lassen, wie diese geübt werden können und wie man ein Kind motiviert, sein Ziel zu erreichen.

Kurz nach Erscheinen der deutschen Erstauflage des Buches „Ich schaffs!" von Ben Furman – es muss im Jahr 2005 oder 2006 gewesen sein – lernte ich (A. Bentner) den Autor auf einem Kongress persönlich kennen und war beeindruckt von seiner wertschätzenden und lösungsfokussierten Grundhaltung, die unter Psychiatern nicht selbstverständlich ist. Da ich selbst als systemisch ausgebildete Beraterin nur mit Erwachsenen arbeitete, fand ich das Buch einfach anregend und interessant, ohne schon einen direkten Bezug zu meiner beruflichen Praxis herstellen zu können.

Gleichzeitig wurden wir als systemische Unternehmensberatung immer wieder gebeten, unseren Kunden aus dem Bereich der Jugendhilfe oder der Heimerziehung interne Fortbildungsmodule zum lösungsfokussierten Arbeiten mit Kindern und Jugendlichen anzubieten. Es versteht sich von selbst, dass diese Module in kürzester Zeit ein Maximum an Lösungsfokussierung bei den Teilnehmenden generieren sollten. Diese Aufgabe erschien uns als fast unlösbare Herausforderung, bis jemand aus unserem Team auf die Idee kam, es einfach einmal mit einem Kompakt-Programm zu probieren. So kamen wir dazu, im Sinne einer zunächst als Notlösung gedachten Fortbildungsintervention einfach einmal mit „Ich schaffs!" zu experimentieren und zu schauen, was unsere Kunden aus den psychosozialen Beratungsfeldern damit anfangen würden. Das Ergebnis übertraf unsere Erwartungen bei weitem! Mittlerweile wurden über 43.000 Exemplare von Ben Furman's Buch verkauft, das Anschluss-buch für die Zielgruppe der Jugendlichen von Christiane Bauer und Thomas Hegemann bringt es auf immerhin 15.000 verkaufte Exemplare. Das zeigt, dass es einen großen Bedarf an lösungsfokussierten Handrei-chungen im Umgang mit Kindern und Jugendlichen zu geben scheint.

Die Resonanz unserer Kunden zu diesem Angebot hat uns von An-fang an positiv überrascht, sie war überwiegend positiv, auch wenn die Prozesse und Schrittfolgen nicht immer störungsfrei ablaufen konnten. Dennoch war diese über viele Jahre immer wieder bekundete positive Resonanz auf das Konzept für uns Anlass genug, genauer nachzufragen, wie es dazu kommt und was genau die Hintergründe gerade auch in dem heiklen Feld der Heimerziehung für die positiven Berichte des pä-dagogischen Fachpersonals sein könnten. So wurde dieses Forschungs-projekt geboren. Es war ursprünglich als rein empirische Bachelor-Arbeit von Julia Stephan geplant in Zusammenarbeit mit dem Fachbereich Psy-chologie der TU Darmstadt (Prof. Nina Keith). Auch hier kam es anders als geplant, denn zum Stichtag der Einreichung hatten sich erst fünf Personen an der Online-Befragung beteiligt, eindeutig zu wenig. Wir haben uns dann dafür entschieden, uns mehr Zeit zu nehmen und das Forschungsdesign ganzheitlicher auszudehnen, und sowohl eine quali-tative Expertenbefragung als auch Praxiserfahrungen von Betroffenen und Anwender/-innen mit einzubeziehen, um tiefere Erkenntnisse über die Wirksamkeit des Programms zu gewinnen.

Auf diesem Wege danken wir allen „Ich schaffs!"-Anwenderinnen und Anwendern für ihre Zeit, die sie mit dem Beantworten des Online-Fragebogens oder als Experten beim Telefon-Interview eingebracht haben. Wir danken dem Fachbereich Psychologie und besonders dem Institut für Arbeits- und Organisationspsychologie der TU Darmstadt für die Unterstützung bei der Online-Befragung und Prof. Nina Keith für die Betreuung der empirischen Studie von Julia Stephan.

Rita Niemann-Geiger vom Carl-Auer Verlag danken wir für ihre er-mutigende Unterstützung und Betreuung in allen organisatorischen Fragen rund um diese Studie(n). Ohne sie wären wir nicht so schnell zum Abschluss gekommen.

Ein ganz besonderer Dank geht an unsere Darmstädter Hausgrafike-rinnen Nikola Schulz und Anke Meenenga, die dieses Buch kreativ ge-staltet und damit erheblich zu unserer Entlastung beigetragen haben.

Ein kollegialer Dank geht an Thomas Hegemann, der ein interessierter Begleiter und unserer Studie(n) war und ist.

Herzlichen Dank an Ben Furman, der in allerkürzester Zeit unsere vielen Fragen beantwortet und uns an den richtigen Stellen Trost gespendet hat.

Ein letzter Dank geht an Günter Christmann, der das Interview mit Ben Furman in Windeseile für uns übersetzt hat.

Darmstadt, im Herbst 2012, Ariane Bentner, Anja Becker und Julia Stephan

Ariane Bentner, Markus Ries

WAS ERLEBEN TRAINER UND TEILNEHMENDE IN DEN „ICH SCHAFFS!"-SEMINAREN?

Kurz nach Erscheinen der ersten Auflage des Buches „Ich schaffs!" von Ben Furman hierzulande im Jahr 2005 begannen wir fast schlagartig damit, unseren Kunden im psychosozialen Bereich dieses Konzept schmackhaft zu machen, sobald wir einen Auftrag in Richtung systemisch-lösungsfokussiertes Arbeiten mit Kindern oder Jugendlichen erhielten

Warum? Dieses „Wunderbuch" erschien uns eine willkommene Alternative zu den bei Erziehenden, Lehrern und Sozialpädagogen immer wieder gerne vorgebrachten Klagen, wie mühselig und anstrengend doch alles sei und wie oft aussichtslos, weil und weil usw. usf. Das Programm „Ich schaffs!" erschien uns wie ein Lichtstrahl im Dunkel, ein Hoffnungsschimmer am Horizont, ein konkretes, überschaubares und dazu noch so einfach anzuwendendes Handwerkszeug für viele, wenn auch sicher nicht alle Problem-Fälle, die dieser Zielgruppe über den beruflichen Weg laufen konnten. Außerdem war es leicht zugänglich (jeder konnte das Buch kaufen), es machte Hoffnung, stiftete Zuversicht, und das Beste: Es war gerahmt von einer durchgängig wertschätzenden Grundhaltung. Im Unterschied zu vielen anderen systemischen und lösungsfokussierten Methoden schien es auch sehr leicht erlernbar, man brauchte als Betreuungsperson bloß die Fragen aus dem Buch abzulesen, und konnte sogar Fragen überspringen, wenn sie einem unpassend erschienen. Mit Begeisterung warben wir für „Ich schaffs!" und viel später dann auch für die Elternarbeit mit „Ich schaffs!" für Eltern. Umso überraschter waren wir, als wir realisierten, dass unsere Kunden und Teilnehmer oft mit ganz anderen, zumindest aber gemischten Gefühlen auf unser Angebot reagierten.

Im Folgenden stellen wir verschiedene Resonanzen aus der Trainingsarbeit der letzten Jahre vor, die diese gemischten Gefühle verdeutlichen können.

Beispiel 1: „Ich schaffs!" für die Arbeit mit Heimerziehenden

Die Teilnehmenden haben im Rahmen einer mehr-moduligen Inhouse Fortbildung eines Jugendhilfe-Trägers bereits einiges über Gesprächsführung auch in schwierigen Fällen gelernt. In diesem 2-Tages-Modul geht es darum, was lösungsfokussiertes Arbeiten mit schwierigen und traumatisierten Kindern in ihrem Kontext von Heimerziehung bedeuten könnte. Sie sind zunächst etwas irritiert, dass sie nicht gleich die Probleme ihrer Kinder und Jugendlichen bearbeiten sollen, sondern das Programm „Ich schaffs!" erst einmal selbst erfahren und selbst erleben sollen, wie es sich „anfühlt". Nach einem entsprechenden Prozess lassen sie sich darauf ein und finden sich in Kleingruppen zusammen. Alle werden gebeten, als „Lernstoff" ein eigenes „Problem" oder Anliegen einzubringen.

Wir erläutern die ersten drei Schritte. Beim ersten Schritt (Verfähigen) ist uns auch wichtig, dass die Teilnehmenden bei der „Problem" Beschreibung immer schauen, wofür das Problem nützlich sein könnte beziehungsweise welche Vorteile es ihnen auch bringen könnte.

Den Teilnehmenden fallen dazu Praxisbeispiele ein: Eine Schulsozialarbeiterin berichtet z.B. von einem Fall, wo ein Schüler sehr häufig zu spät zur Schule kommt und deshalb verwarnt wurde. Schließlich wurde er zur Sozialarbeiterin „überwiesen". Diese bat auch die (getrennt lebenden) Eltern des Schülers zum Gespräch und entwickelte dabei folgende Hypothese: Die Eltern des Schülers haben nach der Trennung sehr wenig Kontakt miteinander gehabt und sein „störendes" Verhalten habe dazu beigetragen, dass sie sich wieder mehr miteinander austauschen mussten, wenn auch im Negativen. Wenn der Schüler also sein „Problemverhalten" wirklich „verfähigen" soll und will, müsste gemeinsam geschaut werden, ob es auch alternative Wege gibt, die Eltern als Eltern im Gespräch zu halten, beziehungsweise den Sohn vielleicht sogar von dieser schwierigen Aufgabe zu entlasten. Dies könnte in einem gemeinsamen Gespräch zu dritt thematisiert werden, sofern die Sozialarbeiterin sich das zutrauen würde und einen Auftrag dafür einwerben könnte bei den Eltern, denn sie ist ja keine familientherapeutische Beratungsstelle.

Bei der anschließenden Arbeit in Kleingruppen an den eigenen „Problemen" zeigt sich bei vielen Teilnehmenden, dass sie perfektionistische Ziele formulieren und häufig schon konkrete Unterziele wie im Hilfeplanverfahren formulieren, die von vornherein unrealistisch zu erreichen sind.

Beispielsweise möchte eine Erzieherin sich fortan nur noch ganz gesund ernähren und keine „Rückfälle" mehr in Richtung fettes und ungesundes Essen erleben. Ein Kollege möchte ab sofort regelmäßig jeden Tag 30 Minuten zu Hause putzen und aufräumen, obwohl er alleine wohnt und es dafür eigentlich gar keinen Anlass gibt. Eine Pädagogin möchte lernen, regelmäßig Klarinette zu üben, da sie bisher zwar regelmäßig zum Unterricht geht, aber (vermeintlich) noch nie alleine geübt hat.

Es zeigt sich, wie wichtig es ist, bei dieser Arbeit im ersten Schritt nicht schon das Scheitern durch unrealistische und zu große oder zu feinstrukturierte Ziele vorwegzunehmen, sondern zu klären, dass das „verfähigte" Problem durchaus lustvoll sein darf und erstrebenswert erscheinen soll, nicht das Gegenteil. Aus unserer Sicht reicht auch eine entsprechend „weiche" Formulierung wie: „Ich möchte gerne lernen zukünftig auch alleine Klarinette zu üben". Das Lernziel darf auch freundlich formuliert und einladend formuliert sein. Ich ermutige die Teilnehmenden dazu, einen freundlichen ganzen Satz zu formulieren.

Eine Teilnehmerin möchte lernen, sich (wieder) mehr von ihrer Herkunftsfamilie abzugrenzen und stellt fest, dass sie das sogar schon einmal in einer früheren Lebensphase konnte. Durch die eingetretene Pflegefähigkeit der Mutter hat sie diesbezüglich einen „Rückfall" erlitten, den sie jetzt „verfähigen" möchte. Hier scheint es uns hilfreich, gerade weil solche Themen sehr emotional besetzt sind, den Teilnehmenden zu kommunizieren, dass alles, was wir schon einmal konnte, wieder aktivierbar ist und oft leichter, als was wir ganz neu lernen müssen. Das kann für den Lernprozess motivieren.

Wichtig ist auch die Frage, was denn der Vorteil oder Nutzen der neuen Fähigkeit wäre? Hier laden wir die Teilnehmenden zu einer Art persönlicher Bilanz ein: Überwiegen die Vorteile des Problems oder die Vorteile der neuen zukünftigen Fähigkeit?

Einbauen kann man hier auch sehr gut die Wunderfrage zur Stärkung der Selbstwirksamkeit: „Angenommen, Du hättest die angestrebte Fähigkeit heute schon erreicht, gelernt – wie würde es dir gehen? Wer würde es woran merken? Wie würde sich das anfühlen?" Usw. usf.

Review am 2. Tag zu den ersten Schritten: Aufgabe war, über Nacht noch einmal die gestern formulierten Fähigkeiten zu überprüfen auf Realisierbarkeit und Stimmigkeit. Bei der Auswertung zeigt sich, dass die angestrebten Fähigkeiten oftmals kryptisch verklausuliert waren und dass sich viele Perfekt-Antreiber darin verstecken: Etwa „Ich übe" – von einer Teilnehmende die bisher (vermeintlich) noch nie alleine geübt hat oder „Ich werde konfliktfähig" von einer Mutter, die sich schwer tut, Grenzen zu setzen.

Wir schlagen auch vor, die anzustrebende Fähigkeit wertschätzender, lustvoller und damit erstrebenswerter (um-)zu formulieren und vor allem ganze Sätze zu bilden wie: Ich möchte die Fähigkeit erlernen, mein Häuschen sauber zu halten, Klarinette zu üben, mich abzugrenzen, mich mehr zu bewegen usw.

Es zeigt sich, dass die Erlaubnis zur wertschätzenden und lustvolleren Formulierung die Teilnehmenden anregt, entspannter, weicher und lockerer mit ihren neuen Fähigkeiten umzugehen und sie nicht als strikte Zeitmanagement-Ziele zu instrumentalisieren. Wir thematisieren auch an dieser Stelle, wie menschliche Lernprozesse aus neuro-didaktischer Sicht ablaufen und dass sie ihre Entwicklungszeit brauchen.

Diese Arbeit scheint sich zu lohnen, denn auf der nächsten Stufe (der Schritten drei bis sechs) entstehen die entsprechenden Metaphern und Symbole wie von selbst: Wanderschuhe (denn mit gutem Schuhwerk lässt sich jeder Weg bewältigen), den inneren Schweinehund mitnehmen zu mehr Bewegung, usw. Eine Teilnehmerin, die sehr viel Diskussionsbedarf hatte beim Entwickeln ihrer Fähigkeit, berichtete an dieser Stelle, ihre Metapher (Insel mit Palme) sei schon sehr früh da gewesen, noch bevor sie die Fähigkeit stimmig hatte beschreiben können. Das spricht für eine gute Intuition.

Eine Teilnehmerin nennt eine kleine Buddha-Figur als Symbol, die sie von einer Reise mitgebracht habe: Ihre Fähigkeit, das Üben erscheine ihr symbolisch wie diese Reise in ein fernes Land, die sie damals gemacht habe: Schön, anstrengend, lustvoll, abenteuerlich und auch mal gefährlich – eine sehr schöne Assoziation zum Klarinette-Üben.

Danach geht es um die Helfer: Das sollten aus unserer Sicht Personen sein, die an Reife und Erfahrung (im Hinblick auf die zu erlernende Fähigkeit) „stronger and wiser" sind als wir selbst. Das kann in mancher Hinsicht auch eine Tochter sein, die im Falle des Klarinette-Übens früher sechs Jahre Klavier gespielt hat. Damit ist sie ihrer Mutter an musikalischer Erfahrung überlegen, wenn auch nicht an Lebenserfahrung, und als Helferin gut geeignet.

Auf den Stufen sieben bis neun geht es um Vertrauen, Belohnen durch Gestaltung der Feier und Beschreiben der angestrebten Fähigkeit: Der Teilnehmerin, die glaubte, nicht alleine üben zu können ist hier plötzlich eingefallen, dass sie als Mutter im Alter von 40 Jahren angefangen hatte, Klarinette zu spielen und dass sie damals ein Jahr lang täglich ca. eine Stunde lang alleine geübt hat. Diese Erkenntnis kam ihr erst im Laufe des „Ich schaffs!"-Prozesses und hat sie sehr entlastet, da sie die Fähigkeit zu Üben ja schon einmal besaß und nicht – wie sie zunächst vermutete – ganz neu lernen muss.

Ähnliches berichten auch andere Teilnehmende, dass ihnen ganz plötzlich eingefallen sei, was sie schon einmal konnten. Das zeigt, dass gerade bei Erwachsenen das lösungsfokussierte Vorgehen mittels „Ich schaffs!" helfen kann, aus der Dissoziation herauszukommen und in Kontakt mit erwünschten Ressourcen zu kommen.

Als lustvoll kann dann das Formulieren von Wünschen beim Gestalten der eigenen Belohnungs-Feier erlebt werden. Hier sind der Fantasie kaum Grenzen gesetzt: Das Spektrum unserer Gruppe reichte von „Cocktails trinken gehen" über „mit meinem Helfer kochen" über „Weihnachtslieder auf der Klarinette spielen" bis zu Kuchen backen fürs Team und Tanzen gehen. Dieser Schritt wurde als anregend und vielseitig erlebt.

Interessant ist aus der Rückschau, dass die Teilnehmenden ihren eigenen „Ich schaffs!"-Prozess durchaus als lustvoll und anregend empfunden haben und es genießen konnten, eigene Ressourcen (wieder-) zu entdecken. Beim Transfer auf ihre berufliche Praxis mit Kindern beschleichen sie gleichwohl Zweifel und Skepsis, inwieweit dieses Programm für sie umsetzbar sein kann. Wir ermutigen sie, es einfach auszuprobieren und es auch in Gruppen anzuwenden und die Erfahrungen beim nächsten Modul rückzukoppeln.

Beispiel 2: Auswertung gemachter Erfahrungen in der Praxis mit „Ich schaffs!"

Diese Gruppe nahm ebenfalls an einer längeren Inhouse-Fortbildung teil und hatte nach einem „Ich schaffs!"-Training die Hausaufgabe bekommen, mit dem Konzept erste Erfahrungen in der Anwendung auf sich selbst oder im Feld mit Klienten zu sammeln. Die Auswertung begann ziemlich chaotisch: Bei der Frage, welche Erfahrungen sie mit dem Programm gemacht hatten, zeigte sich, dass einige Teilnehmende es abgebrochen hatten, weil verschiedene Gründe sie davon abgehalten hatten, dranzubleiben.

Andererseits konnte eine Teilnehmerin eine Erfolgsgeschichte berichten: Sie hatte sich vorgenommen, ihren Zigarettenkonsum von täglich 20 Stück auf zwei bis drei Zigaretten pro Tag zu reduzieren und war seit zwei Wochen damit stabil. Sie äußerte den Wunsch, zukünftig ganz aufhören zu rauchen und war sehr motiviert und engagiert dabei.

Bezüglich der Experimente im Feld mit Kindern sollten die Teilnehmenden mindestens einen Fall aus ihrer Praxis mit „Ich schaffs!" angehen. Hier zeigte sich, dass die „Abbrecher" befürchtet hatten, das Programm passe nicht in ihren pädagogischen Alltag. Die „Abgebrochenen" haben sich auch mit Klienten nicht so recht getraut: Es ist wichtig, auf den Aspekt der positiven Beziehungsgestaltung dabei zu verweisen. Unser Vorschlag:

Prüfen, wie verbringen wir sonst die Zeit mit den Kindern und schauen, wo ließe sich etwas Zeit umgestalten für „Ich schaffs!"?

Einige Teilnehmenden hatten damit konkret gearbeitet, sie berichteten einen insgesamt positiven Eindruck, sahen jedoch auch die Gefahr, dass die Kinder tendenziell „Fremdziele" im Sinne der sozialen Erwünschtheit formulieren, die ihnen schon von anderen Professionellen immer wieder eingeredet wurden (und auch im Hilfeplan formuliert sind).

Als Beispiel wurde der Fall einer Teenager-Mutter berichtet, die als Messie in einer Einrichtung lebte. Als Ziel und Fähigkeit hatte sie formuliert: Mehr Ordnung zu schaffen und auch zu halten. Es war klar, dass dieses Ziel unrealistisch formuliert war, wenn auch durchaus im Sinne der sozialen Erwünschtheit. Wir erarbeiteten folgende Interventionsanregung für die Beraterin dieser jungen Messie-Mutter: Genauer schauen, wofür das Messietum nützlich war bisher? Ordnung als Ziel besser operationalisieren: Zur Operationalisierung von Ordnung sollte die junge Mutter ein Foto eines „ordentlichen" Zimmers machen und das als Anregung/Orientierung für ihr Ziel und ihre zu erlernende Fähigkeit nehmen. Auch hier zeigte sich die Gefahr, dass gerade im Kontext von Jugendhilfemaßnahmen immer wieder zwar sozial erwünschte, aber für die Betroffenen völlig unrealistische Ziele formuliert werden.

Viele „Ich schaffs!"-Prozesse waren auch zwischendrin „steckengeblieben", weil die betreffende Mitarbeiterin krank wurde, keine Zeit hatte, die Maßnahme abgebrochen wurde vom Jugendamt usw. usf. Das ist schade und sollte zukünftig vermieden werden, auch wegen der nicht zu unterschätzenden positiven beziehungsgestaltenden Aspekte zwischen Betreuungspersonal und den Kindern. Gleichzeitig könnte ein Programm wie dieses zukünftig ein festes methodisches Angebot im systemisch-lösungsfokussierten Repertoire der Jugendhilfe werden, um mit Kindern und Jugendlichen in diesem Kontext gezielter und realistischer erfolgsorientiert zu arbeiten. Denn unser Erfahrungsbericht zeigt auch, dass da, wo das pädagogische Personal sich getraut hat, mit „Ich schaffs!" zu arbeiten, die Resonanz der Kinder und Jugendlichen überwiegend positiv war. Dies kann durchaus damit zu tun haben, dass auf einer Metaebene die Beschäftigung mit diesem Konzept beziehungsstärkend wirkt, auch wenn die Bezugsperson noch nicht alles richtig macht. Was anzukommen scheint, ist die Zeit, Zuwendung und Aufmerksamkeit, die das Kind in der Sitzung exklusiv bekommt auch das Bindungssystem anzusprechen scheint. Deshalb ist es sehr wichtig, dass die über die Arbeit mit „Ich schaffs!" aufgebaute Beziehung nicht ohne Not wieder zerstört wird.

Beispiel 3: „Ich schaffs!" in der Anwendung mit Gruppen

Als letztes Beispiel möchten wir die Anwendung des Konzeptes mit einer Gruppe von Kindern darstellen. Im Unterschied zur Einzelarbeit muss der Trainer/Coach hier mehr loslassen und der Gruppe ermöglichen, selbst Verantwortung zu übernehmen. Das Einstreuen von Metaphern kann dabei helfen.

Folgende Situation haben wir erprobt: Eine Tagesgruppe hatte Probleme beim Händewaschen vor dem Mittagessen. Für zehn Kinder steht nur ein Waschbecken zur Verfügung. Es kommt an dem Waschbecken regelmäßig zu Rangeleien und Schmierereien mit Seife, die Prozedur dauert auch zu lange, so dass das Essen wird kalt und die Zeit fürs nachmittägliche Spielen fehlt. Die teilnehmenden Erzieher/-innen wollten dieses Problem mit „Ich schaffs!" in der Gruppe angehen. Zwei Pädagogen simulieren das Gruppen-(An-)Leitungsteam. Dieses

bearbeitet mündlich immer je zwei Schritte, ohne dass die Gruppe besonders in Fahrt kommt. Gefragt werden grundsätzlich immer alle Gruppenmitglieder. Erst als die Frage aufkommt, was eine gute Mannschaft/Gruppe so ausmacht, kommt die Metapher Fußballmannschaft ins Gespräch – als Idee der Trainerin. Es folgt in der Gruppe ein Brainstorming darüber, was eine gute Fußballmannschaft so braucht und macht, zum Beispiel Regeln haben und kennen, viel trainieren, abklatschen, miteinander sprechen, versuchen, Tore zu schießen, usw.. Daraus entwickelt sich aus der Gruppe die Metapher einer „Händewasch-Mannschaft", in der die Teilnehmenden sich sofort wiederfinden. Gleich fließen die Ideen, was für diese neue Mannschaft wichtig sein könnte, zum Beispiel einen Kapitän haben, einer für alle, alle für einen, gelbe/rote Karte haben, Schiedsrichter, Trainer, jeder schaut auf den anderen, Positionen: Abwehr, Stürmer, Torwart, Aufstellung muss stimmen, Abwehr wäscht zusammen Hände (statt wie vorher von den Erzieherinnen angesagt die Kleinen zusammen und die Großen zusammen) Trikotnummern zusammen, Positionen dürfen abwechselnd zuerst gehen, gemeinsame Absprache/Plan.

Die Stimmung in der simulierten Tagesgruppe stieg bei dieser Arbeit zusehends, die „Ich schaffs!"-Coaches wurden zunehmend sicherer und konnten es sich erlauben, die Gruppe mehr und mehr loszulassen und auf dem „Gruppenflow" zu surfen. Gleichzeitig konnte die Gruppe einen enormen Lernfortschritt erleben und diesen zunehmend selbst gestalten. Das war schön zu erleben! Es kam eine gute Stimmung auf, das ist es schließlich, was wir mit unserem lösungsfokussierten Vorgehen erreichen wollen. Das wurde hier möglich. Es zeigte sich, dass „Ich schaffs!" dabei ein guter Kompass sein kann. Und: Bei der Anwendung in Gruppen müssen nicht alle Schritte gemacht werden, im Gegenteil: Bei Gruppen ist weniger deutlich mehr.

Julia Stephan

WIE WIRKT „ICH SCHAFFS!"? ERGEBNISSE EINER ONLINE-BEFRAGUNG ZUR EVALUATION DES LÖSUNGSFOKUSSIERTEN KOMPETENZFÖRDERUNGSPROGRAMMS FÜR KINDER UND JUGENDLICHE

Die Idee für das Thema der vorliegenden Evaluation entstand aus einer Kooperation der TU Darmstadt, Arbeitsgruppe Organisations- und Wirtschaftspsychologie, mit der *Firma Bentner, systemische Organisationsberatung und Personalentwicklung.* Betreuende Professorin war Dr. Nina Keith. Sie bot mir die Entwicklung und Umsetzung dieser Evaluation als Thema für meine Bachelor Thesis an. Da ich mich selbst für die pädagogische Arbeit mit Kindern interessiere, nahm ich das Angebot gerne an. Einen weiteren Vorteil bemerkte ich einige Zeit später: Die Zusammenarbeit mit einer außeruniversitären Firma bot mir die Möglichkeit, das bisher erworbene Wissen aus dem Vorlesungssaal in die Praxis zu transferieren. Wie sich das Projekt entwickelt hat, können Sie auf den folgenden Seiten erfahren.

1. Methode

Der Fragebogen zur Evaluierung des Trainingsprogramm „Ich schaffs!" bestand aus zwei Teilen. Der erste Teil umfasste neun Fragen, welche sowohl mit quantitativen Angaben als auch mit offenen Antworten zu lösen waren. Das Ziel in diesem Teil war es, ein Feedback darüber zu erhalten, wie die Anwendung des Trainingsprogramms in der alltäglichen Praxis erlebt wird bzw. umsetzbar ist.

Der zweite Teil bestand ausschließlich aus quantitativen Fragen. Ihm liegt das Modell der „Four Levels of Evaluation" von Kirkpatrick (1998) zugrunde. Dieses Modell wird auch im deutschsprachigen Raum häufig verwendet, um Trainings zu evaluieren. Die Evaluation von „Ich schaffs!" bezieht sich auf die ersten drei Ebenen nach Kirkpatrick.

Die Erhebung fand mittels eines Onlinefragebogens statt. Dieser wurde mit der Onlinesoftware für wissenschaftliche Fragebögen „Unipark" umgesetzt. Ausgewertet wurde der Fragebogen mit der Statistiksoftware von IBM „SPSS Statistics" in der Version 19 für Mac.

Da die Teilnehmenden alle bereits zu unterschiedlichen Zeiten ihre „Ich-schaffs!"-Trainings absolviert hatten, basiert die Evaluation auf einer retrospektiven Posttest-only-Untersuchung ohne Kontrollgruppe.

Teilnehmen konnten alle Personen, welche ein „Ich schaffs!"-Training absolviert oder sich selbst Kenntnisse darüber angeeignet hatten und denen eine Möglichkeit zur Nutzung des Internets zur Verfügung stand. Zur Evaluation aufgerufen wurde auf den Webseiten des „Praxis Instituts Hanau", dem „Systemmagazin" und auf der Webseite der *Firma Bentner*. Zusätzlich wurden einige Teilnehmende von den „Ich schaffs!"-Trainern persönlich zum Mitmachen eingeladen.

2.   Informationen zur Stichprobe

Insgesamt 23 Personen folgten dem Aufruf, sich an der Evaluation des „Ich schaffs!"-Programms zu beteiligen.

Die meisten Teilnehmer sind älter als 40 Jahre. Genauer betrachtet sind sogar 12 Teilnehmer über 45 Jahre alt. Zwei „Ich schaffs!"-Anwender befanden sich in der Altersklasse 41 – 45. Jahre Die Alterskategorien 36 – 40 Jahre, 31– 35 Jahre und 5 – 30 Jahre wählte jeweils eine Person.

über 50
41-45
36-40
31-35
25-30
unter 25

Abbildung 1: „Wie alt sind Sie?"

Auffällig ist die langjährige Berufserfahrung der Befragten, die bei insgesamt 14 Befragten bereits über mehr als 15 Jahre beträgt. Sieben Befragte arbeiten sogar mehr als 25 Jahre in ihrem jetzigen Beruf. Drei Personen gaben an, ihren Beruf seit 21 – 25 Jahren auszuüben, weitere vier „Ich schaffs!"-Anwender seit 16 – 20 Jahren. Lediglich drei der befragten Personen in diesem Sample können als „Beginner" mit einer immerhin 5- bis 10-jährigen Berufserfahrung bezeichnet werden.

Diese Angaben zeigen, dass die Befragten fast alle über weitreichende und mehrjährige Erfahrungen in der pädagogischen und/oder therapeutischen Praxis verfügen. Die Fragestellung, ob es sich dabei auch um erfahrene „Ich schaffs!"-Anwender handelt, soll im weiteren Verlauf dieser Evaluation noch untersucht werden.

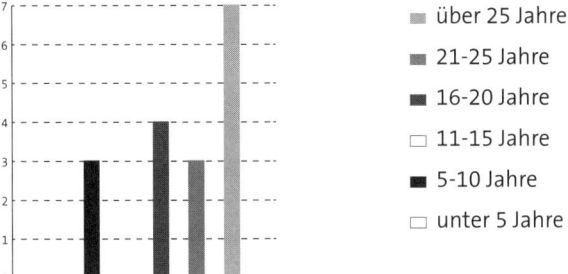

Abbildung 2: „Über wie viel Jahre Berufserfahrung verfügen Sie?"

Bei einer Studie im pädagogischen Berufsfeld hätte man bezüglich der Geschlechter- Verteilung mit einem Überhang an weiblichen Teilnehmern gerechnet. Entgegen dieser Erwartung ist das Geschlechterverhältnis dieser Stichprobe in diesem Fall fast ausgeglichen:

Das Teilnehmerfeld der Befragten setzt sich aus neun weiblichen und sieben männlichen Personen zusammen.

Abbildung 3: „Bitte Geben Sie Ihr Geschlecht an"

Eine Erklärung für die ausgewogene Geschlechterverteilung kann der berufliche Hintergrund der „Ich schaffs!"-Anwender sein. Lediglich jeweils drei Personen gaben an, dem Berufsfeld „Erzieherin/Erzieher" und „Sonstige Pädagogische Fachkraft" anzugehören. Das mit neun Nennungen am häufigsten vertretene Berufsfeld ist die Kategorie „Sozialpädagogin/Sozialpädagoge". Auch das Berufsfeld „Therapeutin/Therapeut" wurde mit sechs Nennungen häufig belegt. Zwei weitere Personen wählten die Kategorie „Heilpädagogin/Heilpädagoge".

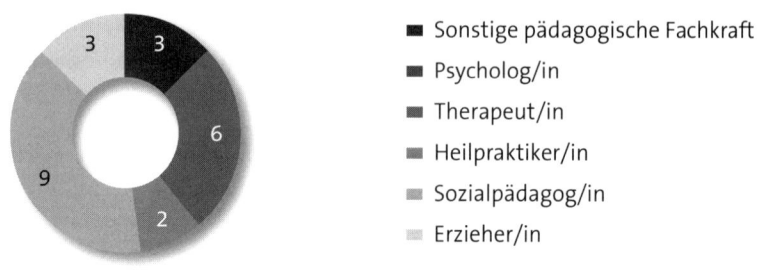

- ■ Sonstige pädagogische Fachkraft
- ■ Psycholog/in
- ■ Therapeut/in
- ■ Heilpraktiker/in
- ■ Sozialpädagog/in
- ■ Erzieher/in

Abbildung 4: „Über welche Berufsausbildung verfügen Sie?"

Die Angaben zum Arbeitsplatz ergeben folgendes Bild: Jeweils fünf „Ich schaffs!"-Anwender/-innen arbeiten in „Kindergarten/Kindertagesstätte", fünf sind „Freiberuflich" und fünf „Sonstiges (z.B. in einer Tagesgruppe tätig). Zwei weitere arbeiten an Schulen. Das bedeutet, die Mehrheit der hier Befragten setzt „Ich schaffs!" im institutionellen Kontext ein.

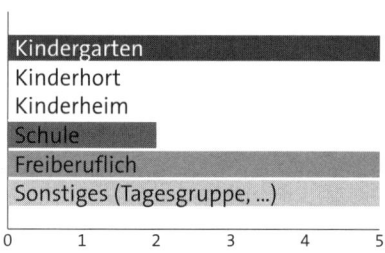

Abbildung 5: „An welchem Arbeitsplatz arbeiten Sie?"

Für unsere Fragestellung war auch von Interesse, wo die „Ich schaffs!"-Anwender/-innen das Training absolviert haben. Fünf Befragte gaben bereits im Vorfeld an, das „Ich schaffs!"-Training bei der *Firma Bentner* in Darmstadt besucht zu haben. Auf die Frage, an welchen weiteren Seminarorten sie daran teilgenommen hatten, nannten die Befragten Schulungsorte des „Ich schaffs!"-Instituts beim Zentrum für Systemische Therapie (Istob) in München. Dort nahmen neun Personen am Training teil. Drei weitere Personen besuchten andere Institute. Jeweils ein Befragter absolvierte das Seminar bei Ben Furman direkt oder im Selbststudium.

Legende:
- Selbststudium
- Ben Furman
- Istob in München
- Andere Institute
- Firma Bentner in Darmstadt

Abbildung 6: „Weitere Orte der Seminarteilnahme"

3. Auswertung des ersten Teils des Fragebogens mit den offenen Fragen bezüglich des „Ich schaffs!"-Trainings

3.1. Einsatz des Trainingsprogramms

Um sich einen ersten Überblick über die Anwendung des Trainingsinstruments zu verschaffen, wurde im Fragebogen erfragt, wie viele der Teilnehmende „Ich schaffs!" bisher angewendet hatten.

Von den insgesamt 23 Befragten gaben 20 der Trainingsabsolventen an, das Trainingsinstrument „Ich schaffs!" zum Zeitpunkt der Evaluation bereits angewendet zu haben. Nur zwei Teilnehmende (TN) verneinten dies, eine weitere Person enthielt sich. Somit konnten sinnvollerweise nur 20 Befragte zu den weiteren Fragen Stellung beziehen.

Abbildung 7: „Haben Sie das Trainingsinstrument bisher angewendet?"

Das „Ich schaffs!"-Programm scheint bei den meisten „Ich schaffs!"-Anwendern guten Anklang gefunden zu haben, da diese das Training schon häufiger in der Praxis angewendet haben.

Immerhin elf Personen gaben an, das Training bereits „mehr als fünfmal" bei Kindern und Jugendlichen angewendet zu haben. Eine geringere Anzahl, nämlich drei der Befragten, nannten eine Anwendungshäufigkeit von „drei bis fünf mal" und eine Person verwendete das Training bisher „ein- bis zwei mal".

Drei „Ich schaffs!"-Anwender haben das Training nicht mit Kindern oder Jugendlichen angewendet, was auf eine Anwendung bei Erwachsenen schließen lässt.

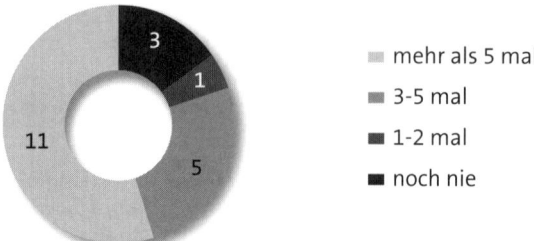

mehr als 5 mal

3-5 mal

1-2 mal

noch nie

Abbildung 8: „Bei wie vielen verschiedenen Kindern/Jugendlichen haben Sie das Trainingsprogramm bisher angewendet?"

3.2. Vorgehen bei der Anwendung des Trainings

Da „Ich schaffs!" sehr flexibel und variabel einsetzbar ist, war ein Schwerpunkt der Evaluation, das Vorgehen bei der Anwendung des Programms im praktischen Alltag zu erfassen.

Gemäß den Antworten zu der Frage, wie das Programm angewendet wurde, zeigte sich, dass die Befragten überwiegend einzelne Schritte einsetzten. Diese Variante der Trainingsanwendung setzten zwölf Personen ein. Sechs der Befragten gaben an, das komplette Training inklusive aller Schritte, jedoch in individueller Reihenfolge zu verwenden. Eine geringere Anzahl der „Ich schaffs!"-Anwender führte das Training mit allen Schritten in der ursprünglich vorgegebenen Reihenfolge durch. Nur zwei Befragte verwendeten das Training komplett in der vorgegebenen Abfolge.

komplett in individueller Reihenfolge

komplett in vorgegebener Reihenfolge

einzelne Schritte

Abbildung 9: „Wie haben Sie das Trainingsprogramm angewendet?"

Von den 15 aufeinander aufbauenden Schritten des Trainingsprogramms verwendeten die Befragten am häufigsten die Schritte
„1. Probleme in Fähigkeiten verwandeln",
„3. Den Nutzen der Fähigkeit herausfinden",
„4. Der Fähigkeit einen Namen geben" und
„6. Helfer einladen".
Diese Schritte nutzten 18 Anwender im praktischen Alltag.

Gefolgt von den Schritten
„2. Sich auf eine zu erlernende Fähigkeit einigen" und
„13. Den Erfolg feiern",
welche je 17 Personen anwendeten.

16 „Ich schaffs!"-Anwender setzten
„5. Eine Kraftfigur aussuchen",
„7. Vertrauen aufbauen" und „11. Die Fähigkeit üben" ein.

Die Schritte
„8. Die Feier planen",
„9. Die Fähigkeit beschreiben" und
„10. Öffentlich machen" realisierten je 15 der Befragten und
„12. Erinnerungshilfen finden", verwendeten 14 Personen.

Lediglich die letzten beiden Schritte, die mit dem
„14. Weitergeben der Fähigkeit an andere" und dem
„15. Übergehen zur nächsten Fähigkeit"
etwas außerhalb der eigentlichen Problemlösung stehen, wurden nur von fünf bzw. neun „Ich schaffs!"-Anwendern genutzt.

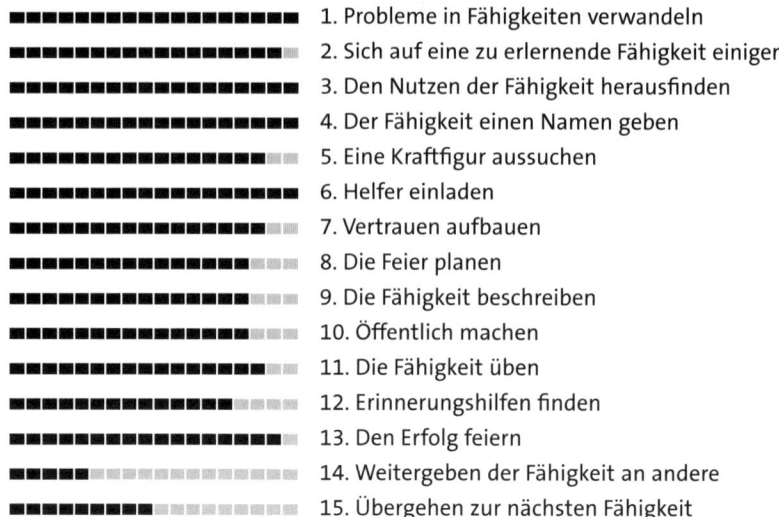

■■■■■■■■■■■■■■■■■■	1. Probleme in Fähigkeiten verwandeln
■■■■■■■■■■■■■■■■■■	2. Sich auf eine zu erlernende Fähigkeit einigen
■■■■■■■■■■■■■■■■■■	3. Den Nutzen der Fähigkeit herausfinden
■■■■■■■■■■■■■■■■■■	4. Der Fähigkeit einen Namen geben
■■■■■■■■■■■■■■■■	5. Eine Kraftfigur aussuchen
■■■■■■■■■■■■■■■■■■	6. Helfer einladen
■■■■■■■■■■■■■■■■	7. Vertrauen aufbauen
■■■■■■■■■■■■■■■	8. Die Feier planen
■■■■■■■■■■■■■■■	9. Die Fähigkeit beschreiben
■■■■■■■■■■■■■■■	10. Öffentlich machen
■■■■■■■■■■■■■■■	11. Die Fähigkeit üben
■■■■■■■■■■■■■■	12. Erinnerungshilfen finden
■■■■■■■■■■■■■■■■	13. Den Erfolg feiern
■■■■■	14. Weitergeben der Fähigkeit an andere
■■■■■■■■	15. Übergehen zur nächsten Fähigkeit

Abbildung 10: „Welche Schritte genau haben Sie verwendet?"

Insgesamt lässt sich aus Abb. 10 ersehen, dass die Befragten nach individueller Anpassung nahezu alle Schritte, die dem Erwerb der angestrebten Fähigkeit dienen, nutzten. Die Nutzungshäufigkeit dieser ersten 13 Schritte unterliegt nur leichten Schwankungen. Bei den letzten beiden Schritten ist ein deutlicher Abstieg der Nutzungshäufigkeit zu erkennen. Eine Erklärung dafür könnte sein, dass dies Schritte sind, welche nicht mehr direkt mit dem Erlernen der Fähigkeit im Zusammenhang stehen. Es sind Schritte, mit denen zur nächsten Fähigkeit übergegangen oder die bisher erlernte Fähigkeit an andere weitergegeben werden kann. Der praktische Alltag ist nicht selten durch Zeitmangel geprägt. Möglicherweise wird das Trainingsprogramm von den Anwendern in dieser Form verkürzt, um es dieser Anforderung anzupassen. Hierüber kann die Expertenbefragung von Anja Becker (in diesem Band) Auskunft geben.

Die universelle Einsatzfähigkeit von „Ich schaffs!" beschränkt sich nicht nur auf die individuelle Anpassung der Trainingsschritte auf die Zielperson. Es ist auch variabel in Bezug auf die Anzahl der Zielpersonen. Wie diese Befragung zeigt, kann es sowohl in der Einzelarbeit oder auch mit einer Gruppe einsetzt werden.

Auf die Frage, in welchem Setting die Befragten „Ich schaffs!" bisher einsetzten, gaben die Anwender/-innen an, dass das Trainingsprogramm von 15 Personen im Einzel- und immerhin neunmal im Gruppensetting angewendet wurde.

Abbildung 11: „In welchem Setting haben Sie „Ich schaffs!" verwendet?"

3.3.   Der Erfolg des Trainingsprogramms

Um den Erfolg eines Trainings beurteilen zu können, bedarf es vorab der Überlegung, was man durch das Training erreichen möchte. In diesem Fall wurde es von den Beteiligten als Erfolg definiert, wenn ein Kind aufgrund des „Ich schaffs!"-Trainings eine selbst gewählte Fähigkeit erlernen konnte.

Nach Auffassung nahezu aller Teilnehmenden zeigte das Trainingsprogramm diese gewünschten Auswirkungen.

Wie in Abbildung 12 erkenntlich, bekundeten zehn Befragte ihre Zustimmung zu der Aussage, dass die Kinder die gewünschte Zielfähigkeit erlernten. Weitere acht „Ich schaffs!"-Anwender empfanden den Erfolg des Trainings als zutreffend.

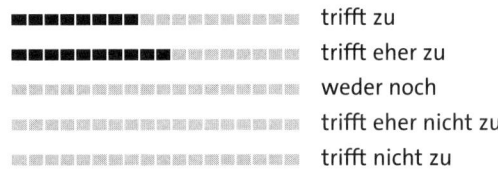

Abbildung 12: „Das Trainingsprogramm zeigte die gewünschten Auswirkungen, so dass von den Kindern/Jugendlichen eine bestimmte Fähigkeit erlernt werden konnte!"

Als Gegenprobe zu dem eben aufgeführten Ergebnis befragte ich die Probanden auch danach, ob es Fälle gab, bei denen „Ich schaffs!" nicht erfolgreich verlaufen ist.

Diese Frage bejahten insgesamt zehn Personen. Bei acht Befragten ist das Training dagegen bisher immer zielführend verlaufen.

Unter Beachtung der Tatsache, dass fast alle Anwender/-innen das Programm bei mehreren Kindern/Jugendlichen eingesetzt hatten, bedeutet dieses Ergebnis lediglich, dass bei zehn „Ich schaffs!"-Anwendern auch Fälle dabei waren, bei denen das Programm (noch) nicht den gewünschten Erfolg hatte.

JA   **NEIN**

Abbildung 13: „Gab es Fälle, in welchen das Training nicht zielführend war?"

Dieses Ergebnis wird bestätigt durch die positive Reaktion auf die Bewertung der Nützlichkeit von „Ich schaffs!". Zur Bewertung stand eine Skala im Schulnotensystem zur Verfügung. Die genauen Ausprägungen können der Abbildung 14 entnommen werden. Acht Befragte empfanden die Nützlichkeit als „sehr gut", neun als „gut" und eine Person als befriedigend. Aufgrund dieser Bewertung kann man darauf schließen, dass das Trainingsprogramm eine nützliche Bereicherung für die pädagogischen und therapeutischen Fachkräfte im praktischen Alltag darstellt.

sehr gut

gut

befriedigend

ausreichend

mangelhaft

ungenügend

Abbildung 14: „Wie empfinden Sie persönlich die Nützlichkeit des Trainingsprogramms"?

Da es sich bei „Ich schaffs!" um ein Programm für Kinder und Jugendliche handelt, ist es mindestens ebenso wichtig, das Feedback dieser Hauptzielgruppe einzuholen.

Auch die Resonanz der Kinder und Jugendlichen selbst auf „Ich schaffs!" ist laut den Angaben der Befragten von den Kindern und Jugendlichen sieben mal „sehr gut" und acht mal „gut" bewertet worden. Lediglich drei Personen votierten mit „befriedigend".

Vergleicht man die Abbildungen 14 und 15, so erkennt man bei der Bewertung von den Anwendern und dem (indirekten) Feedback der Kinder und Jugendlichen ein vergleichbar gutes Ergebnis.

■■■■■■■░░░░░░░░░░░░	sehr gut
■■■■■■■■░░░░░░░░░░░	gut
■■■░░░░░░░░░░░░░░░░	befriedigend
░░░░░░░░░░░░░░░░░░	ausreichend
░░░░░░░░░░░░░░░░░░	mangelhaft
░░░░░░░░░░░░░░░░░░	ungenügend

Abbildung 15: „Wie war die Resonanz der Kinder auf das Training?"

Der nächste Teil fokussiert auf inhaltliche Aspekte des Programms „Ich schaffs!" und befasst sich mit den Themen, welche Fähigkeiten die Kinder und Jugendlichen lernen wollten, gelernt haben, in welchem Zeitraum dies geschah und woran man den Erwerb der Fähigkeiten erkennen konnte.

Bei der Anwendung von „Ich schaffs!" gibt es eine Vielzahl von Fähigkeiten und Fertigkeiten, welche erlernt oder eingeübt werden können. Im Mittelpunkt steht dabei, dass die Kinder und Jugendlichen ihre „Zielfähigkeit" selbst auswählen. Unter Zielfähigkeit wird im Programm „Ich schaffs!" jene Fähigkeit verstanden, die ein Kind zur Überwindung (s) eines Problemverhaltens erlernen will. Um die genauen, von den Kindern anvisierten. Zielfähigkeiten zu erfassen, befragte ich die „Ich schaffs!"-Anwender, welche Fähigkeiten die Kinder und Jugendlichen denn erlernen wollten.

Bei meiner Teilnehmerstichprobe lagen die zu erwerbenden Fähigkeiten hauptsächlich im Bereich der Bewältigung von Alltags- als auch schulischer Anforderungen und darüber hinaus in der allgemeinen Persönlichkeitsentwicklung.

Zur Bewältigung von Alltagsanforderungen nannten die Teilnehmer Situationen wie „mit Besteck essen", „ohne CD einschlafen" oder „den Stuhlgang auf der Toilette verrichten".

Ein sehr großes Themenfeld bilden die Anforderungen, die man im Schulalltag benötigt. In diesem Bereich scheint das Trainingsprogramm besonders häufig eingesetzt zu werden. Die Befragten nannten Beispiele wie: „Aufgabenstellungen in der Schule genauer lesen" oder „Arbeitstempo steigern". Weitere Ziele waren auch die Selbstmotivation wie „etwas Nötiges tun auch wenn man keine Lust dazu hat" oder die Organisation von Handlungsabläufen „Eine Handlung nach der anderen, planvoll vorgehen". Gewünscht war darüber hinaus auch das Trainieren von Aufmerksamkeit und Konzentrationsfähigkeit, „Aufmerksamer sein in der Schule". Auch große Ziele wie auf den „Realschulzweig zu kommen" oder „besser mit Fehlzeiten und Erkrankungen umzugehen" nannten die Teilnehmer als Trainingswunsch der Kinder und Jugendlichen. Unklar bleibt hier allerdings, inwieweit diese Zielvorgaben tatsächlich den Wünschen der Kinder und Jugendlichen selbst entsprechen oder inwiefern sie ihnen im Sinne einer besseren Anpassung an ihre Umwelt von den Anwendern auch ein Stück weit suggeriert oder im Sinne der sozialen Erwünschtheit „eingeflüstert" wurden.

Im Rahmen der Persönlichkeitsentwicklung wünschten sich die Kinder soziale Kompetenzen, Selbstbeherrschung und Selbstsicherheit zu üben. Die sozialen Kompetenzen spiegeln sich wider im Umgang mit anderen Personen wie Eltern und Lehrer/innen: „Öfter freundlich mit Eltern und Lehrern sprechen" oder häufig auch mit anderen Kindern: „Nett sein zu anderen Kindern".

Die gewünschten Fähigkeiten, um sich selbst besser zu beherrschen waren: „Cool & ruhig bleiben" und „Sich zu stoppen".

Die Selbstsicherheit wollten die Kinder und Jugendlichen trainieren, indem sie üben wollte „Mutiger zu werden" oder „Allein im eigenen Bett zu schlafen".

Bewältigung von Alltagsanforderungen:
• Stuhlgang auf der Toilette verrichten
• mit Besteck essen
• ohne CD einschlafen

Bewältigung der Schulanforderungen:
• Auf den Realschulzweig kommen
• Arbeitstempo steigern
• Bessere Aufmerksamkeit/Konzentration
• Besser mit Fehlzeiten/Erkrankungen umgehen können
• Selbstmotivation
• Organisation von Handlungsabläufen

Allgemeine Persönlichkeitsentwicklung:
• Soziale Kompetenzen (freundlicher Umgang mit anderen Kindern, Eltern und Lehreren)
• Selbstbeherrschung (cool und ruhig bleiben)
• Selbstsicherheit (mutiger werden, allein im Bett schlafen)

Abbildung 16: „Gewünschte Fähigkeiten"

Um zu überprüfen, ob diese von den Kindern und Jugendlichen (zu Beginn der Arbeit mit dem Programm) gewünschten Fähigkeiten mit „Ich schaffs!" tatsächlich erlernbar sind und diese erlernt werden konnten, wurde erhoben, ob diese angestrebten Fähigkeiten nach dem Training tatsächlich beherrscht wurden.

In der Tat äußerten die befragten Anwender, dass die oben erwähnten Ziel-Wünsche zur Bewältigung von Alltagssituationen, Schulanforderungen und zur allgemeinen Persönlichkeitsentwicklung von den Kindern und Jugendlichen mit Hilfe des Kompetenzförderungsprogramms erlernt werden konnten.

Darüber hinaus verbesserte das Training aus Sicht der Nutzer auch die Anpassungsfähigkeit, Empathie und den Durchhaltewillen der Beteiligten.

Interessant war für mich auch zu erfahren, wie lange Kinder und Jugendliche brauchten, um die gewünschten neuen Fähigkeiten zu erlernen. Der Zeitraum für den Erwerb der Fähigkeiten reicht von drei Wochen bis hin zu sechs Monaten, wobei die Befragten am häufigsten drei Monate bzw. zwei Monate nannten. Der Durchschnitt liegt bei 2,6 Monaten.

Dies ist in Anbetracht der stellenweise sehr weitreichenden Trainingsgegenstände eine überraschend kurze Dauer. Die Trainingszeit ist als multifaktorieller Faktor wahrzunehmen, denn er wird über den Trainingsgegenstand hinweg auch noch von weiteren Rahmenbedingungen beeinflusst. Die Kinder und Jugendliche der Befragten lernten offensichtlich individuell schnell, die Qualität der Anleitung kann je nach Erfahrung variieren und der Raum für Übung in der Praxis kann stark differenzieren. So könnte es durchaus auch vorkommen, dass das gleiche Kind eine ähnlich aufwendige andere Fähigkeit erlernen möchte, wie es bereits schon einmal eine erlernt hat, für diese aber wesentlich länger benötigt.

Bisher wurde gezeigt, welche Fähigkeiten die Kindern und Jugendliche erlernen wollten und dass sie diese laut der subjektiven Aussage der befragten Anwender/-innen auch tatsächlich erlernen konnten. Doch von Interesse ist, auch woran man dies denn überhaupt erkennen kann, bzw. was die essentiellen Folgen davon sind.

Die eingetreten Veränderungen der Kinder und Jugendlichen erkannten die Befragten sowohl an subjektiven Rückmeldungen aus dem Umfeld (Eltern, Lehrer) als auch objektiv an der Beherrschung konkreter Situationen, die zuvor angestrebt wurden (s.o. bei den zu erwerbenden Fähigkeiten).

Als Beispiel für konkrete Veränderungen im Bereich der Alltagsanforderungen dient z.B. die Rückmeldung der Eltern über das verbesserte Essverhalten ihres Kindes.

Im Bereich der Schulanforderungen sind beobachtete Folgen der Rückgang der Krankenquote, die Verbesserung der Schulnoten und die vollständige, konzentrierte Erledigung von Handlungen.

Auch im Rahmen der Persönlichkeitsentwicklung erkannten die „Ich schaffs!"-Anwender die Folgen des „Ich schaffs!"-Trainings im Bereich der sozialen Kompetenzen, der Selbstbeherrschung und der Selbstsicherheit.

Die Gründe, an welchen man eine Verbesserung der sozialen Fähigkeiten erkennen konnte, waren laut Aussage der „Ich schaffs!"-Anwender:

„Er fragte die Kinder, ob er mitspielen darf und kam somit ins Spiel, ohne sie zu schlagen, zu nerven..." und *„In der Zeigerunde hat sie sich zu jedem Kind der Gruppe etwas Nettes ausgedacht und sagte das dem Kind. Sie stritt weniger, wurde dadurch von anderen als netter empfunden".*

Durch diese Aussagen wird deutlich, dass sich im Gruppenalltag der Umgang mit den anderen Kindern zum Positiven verändert hat.

Beispiele, um die Selbstbeherrschung zu belegen waren,

„Entspannter in vorher konfliktbesetzten Situationen" oder auch *„Das Kind konnte sich länger beherrschen und zeigte im allgemeinen mehr Ruhe und Selbstbewusstsein".* Zu dem nannten die Befragten mehrfach, dass die Kinder keine Wutanfälle mehr hatten.

Die Aussagen der Teilnehmer, woran man eine erhöhte Selbstsicherheit bei ihren Klienten erkennen konnte, sind:

„...hat nicht mehr bei den Eltern im Bett geschlafen, konnte sich von der Mutter lösen, mit der Freundin zur Schule gehen, allein ein Eis kaufen" und *„An der Umgangssprache, welche sich verändert hat. Das Kind konnte sich länger beherrschen und zeigte im Allgemeinen mehr Ruhe und Selbstbewusstsein." Und die Befragten beobachteten, dass die Kinder oder Jugendlichen entspannter in vorher konfliktbesetzten Situationen waren.*

Sämtliche Beispiele verdeutlichen auch inhaltlich die weitreichende positive Wirkungsweise von „Ich schaffs!". Die Rückmeldungen basieren nicht nur auf den Wahrnehmungen der Anwender, sondern fielen auch Personen aus dem unmittelbaren Umfeld der beteiligten Kinder auf.

3.4. Optimale Zielgruppe für das Training

Die meisten Kinder, bei denen das Training durchgeführt wurde, befanden sich im Alter zwischen sieben und zwölf Jahren. 13 Personen gaben an, „Ich schaffs!" mit Kindern in diesem Alter angewendet zu haben. Ältere Trainingsabsolventen, nämlich zwischen 13 und 16 Jahren, wurden von acht „Ich schaffs!"-Anwendern betreut. Weitere sechs Befragte führten das Training mit Kindern zwischen vier und sechs Jahren durch. Immerhin drei Personen arbeiteten mit Jugendlichen über 17 Jahren.

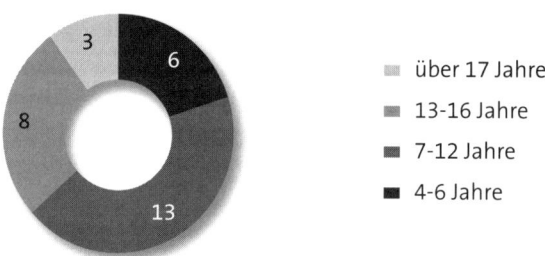

über 17 Jahre

13-16 Jahre

7-12 Jahre

4-6 Jahre

Abbildung 17: „In welchem Alter befanden sich die Kinder/Jugendlichen, bei denen Sie das Training durchgeführt haben?"

Entsprechend der Antwort zur Frage nach dem Alter der „Ich-Schaffs"-Klienten scheint es aus den Erfahrungen der Befragten ein optimales Alter von Kindern und Jugendlichen zu geben, in dem man mit „Ich schaffs!" besonders gut arbeiten kann. Dieses optimale Alter sahen 16 Personen bei den sieben – bis Zwölfjährigen. Dies könnte etwas mit der in diesem Alter noch besonders ausgeprägten leichten Lernfähigkeit aufgrund der überbordenden neuronalen Strukturen im Gehirn der Kinder zu tun haben.

Mit einigem Abstand und einigen Abstrichen sind laut den „Ich schaffs!"-Anwendern jedoch grundsätzlich auch alle anderen Altersgruppen geeignet. Sogar die Eignung der pubertären 13- bis 16-jährigen Jugendlichen für „Ich schaffs!" wurde von acht Anwendern bejaht.

Interessanterweise wurde auch die Altersgruppe der Vorschulkinder (vier bis sechs Jahre) von sechs Befragten als optimales Alter angesehen. Möglicherweise wird diese Altersgruppe als eher pflegeleicht empfunden.

Fünf Anwender nannten immerhin auch die, über 17-jährigen als geeignetes Klientel für die Arbeit mit „Ich schaffs!" an. Im Beitrag von Ariane Bentner und Markus Ries in diesem Band zeigt sich, dass auch Erwachsene gerne bei bestimmten Themen wie Raucherentwöhnung auf das Konzept zurückgreifen.

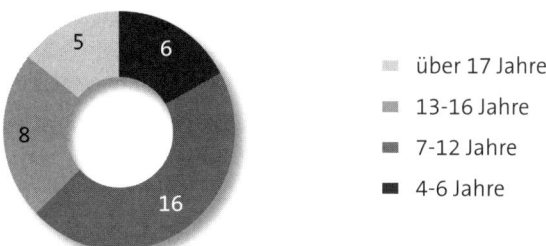

über 17 Jahre

13-16 Jahre

7-12 Jahre

4-6 Jahre

Abbildung 18: „Gibt es aus Ihren Erfahrungen ein optimales Alter der Kinder/Jugendlichen, in dem man mit „Ich schaffs!" gut arbeiten kann?"

Bei diesen beiden Fragen konnten die „Ich schaffs!"-Anwender mehrere Antwortkategorien auswählen. Deswegen ergeben sich in der Summe auch mehr genannte Ausprägungen als Befragte an der Evaluation teilgenommen haben. Die Nennungshäufigkeit der Alterskategorien „4-6 Jahre" und „13-16 Jahre" ist in den beiden Fragen gleich hoch. Das bedeutet, genauso viele Personen, die das Training bei Kindern in diesen Altersklassen angewendet haben, empfinden es auch als optimales Alter. Die beiden anderen Kategorien stiegen in der Nennungshäufigkeit des optimalen Alters im Gegensatz zu der Nennung der bereits angewendeten Altersklasse an. 13 Personen wendeten das Training bei Kindern im Alter von „7-12 Jahren" an. Diese Altersspanne wurde aber 16 Mal als optimales Alter für den Einsatz von „Ich schaffs!" genannt. Einen fast genauso großen Zuwachs konnte die Klasse „über 17 Jahre" verzeichnen. Drei Personen wendeten das Training bisher konkret bei dieser Altersklasse an, obwohl es fünfmal als geeignetes Alter (evtl. prospektiv) angesehen wurde.

Aus der korrespondierenden, frei zu beantwortenden Frage bezügliche eines optimalen Alters, lassen sich die Teilnehmer-Antworten zu dem Fazit zusammenfassen, dass das Trainingsprogramm für alle Altersklassen geeignet ist, sofern man es auf die individuellen Bedürfnisse der Altersgruppe im Hinblick auf die zu erlernenden Fähigkeiten und die Verwendung einer altersgerechten Sprache anpasst.

3.5. Probleme und Verbesserungsmöglichkeiten

Um ein Stimmungsbild zu erhalten, wie die „Ich schaffs!"-Anwender die Arbeit mit dem Programm erleben, wurden einige Eindrücke diesbezüglich erhoben. Welche diese im genauen waren, möchte ich im folgenden darstellen.

Fast allen Teilnehmern bereitete die Arbeit mit „Ich schaffs!" Freude, sie empfanden sie als angenehm und umsetzbar, hilfreich und kreativ. Je 17 Befragte gaben an, dass diese Eigenschaften auf sie zutreffen bzw. eher zutreffen.

Die wenigsten empfanden die Arbeit als schwierig. 14 Personen wählten die Kategorien „trifft eher nicht zu" bzw. „trifft nicht zu", dreimal entschieden sie sich für „weder noch". Niemand erlebte die Arbeit als unmöglich. 12 „Ich schaffs!"-Anwender wählten „trifft nicht zu" und fünf „trifft eher nicht zu".

Abbildung 19: „Wie haben Sie die Arbeit mit „Ich schaffs!" erlebt?"

Dennoch würde eine leicht überwiegende Anzahl der Befragten etwas an der Arbeit mit „Ich schaffs!" verändern. Zehn Personen bejahten die Frage nach einer Veränderung bei dem Programm und acht Personen würden es auf dem Stand belassen, wie es ist. Welche Verbesserungsvorschläge die Teilnehmer nannten, wird am Ende dieses Textabschnittes beschrieben.

JA   NEIN

■■■■■■■■■■▦▦▦▦▦▦▦▦

Abbildung 20: „Würden Sie etwas an dem Programm verändern?"

Im Folgenden werden Äußerungen von den „Ich schaffs!"-Anwendern wiedergegeben, warum „Ich schaffs!" in einzelnen Fällen nicht zum Ziel geführt hat.

Die Aussagen dazu lassen sich in vier Kategorien einordnen. Ein Bereich sind die trainingsbezogenen Ursachen. In dieser Kategorie bemängelten die Befragten, dass die Fragen für Kindergartenkinder zu unverständlich seien. In diesem konkreten Fall wurde das Problem so gelöst, dass die Anwender/-innen das Programm sprachlich auf die jüngeren Kinder abgestimmt haben.

In manchen Fällen sahen die Anwender den Grund in der trainingsbegleitenden Person selbst. Diese Statements dürften als Selbstkritik interpretiert werden und speisen sich daraus, dass das erwünschte Ziel oder die angestrebte Fähigkeit von ihnen retrospektiv nicht genug herausgearbeitet worden sei oder das Kind zu wenig begleitet bzw. gecoacht wurde. Tatsächlich kann dies ein Fallstrick in der Anwendung des Programms sein, der sich erst zeigt, wenn die Arbeit mit „Ich schaffs!" schon weiter fortgeschritten ist. Hintergrund ist die bereits genannte Gefahr, dass Kinder dazu neigen können, Ziele und Fähigkeiten im Sinne der sozialen Erwünschtheit zu formulieren, ohne in der Lage zu sein, diese realistisch erreichen zu können.

Eine weitere, auch sehr kleine Kategorie, stellt die Ursachen beim Kind selbst dar. Mehrere Teilnehmer bemängelten in einzelnen Fällen fehlende Motivation und Willen einzelner Kinder, sowie mangelndes Durchhaltevermögen. Eine Befragte gab als Rückmeldung: „Kinder, die sich nicht leicht motivieren lassen und schnell aufgeben eher depressiv verarbeiten."

Herausfordernd kann es laut den Rückmeldungen auch mit Kindern sein, welche starke ADHS-Symptome aufweisen, da diese laut einer Befragten „kaum erreichbar sind".

Faktoren, die eine Zielerreichung massiv beeinflussen können, sind z. B. das äußere Umfeld. In diesem Bereich gibt es vielschichtige Nennungen wie etwa den Abbruch einer Beratung, die mangelnde Unterstützung und Verständnis des lösungsfokussierten Grundgedankens bei

„Ich schaffs!" durch die Eltern. In einem anderen Fall waren die Probleme im Umfeld so massiv, dass ein anderes auffälliges Verhalten den Platz einnahm – es kam zu einer Symptomverschiebung. Als weitere hinderliche Aspekte sahen die Befragten eine mangelhafte Unterstützung der eigenen Kollegen, Sprachbarrieren bei Familien mit Migrationshintergrund sowie Zeitprobleme, welche sich besonders in der Gruppenarbeit mit „Ich schaffs!" negativ nieder schlagen würde.

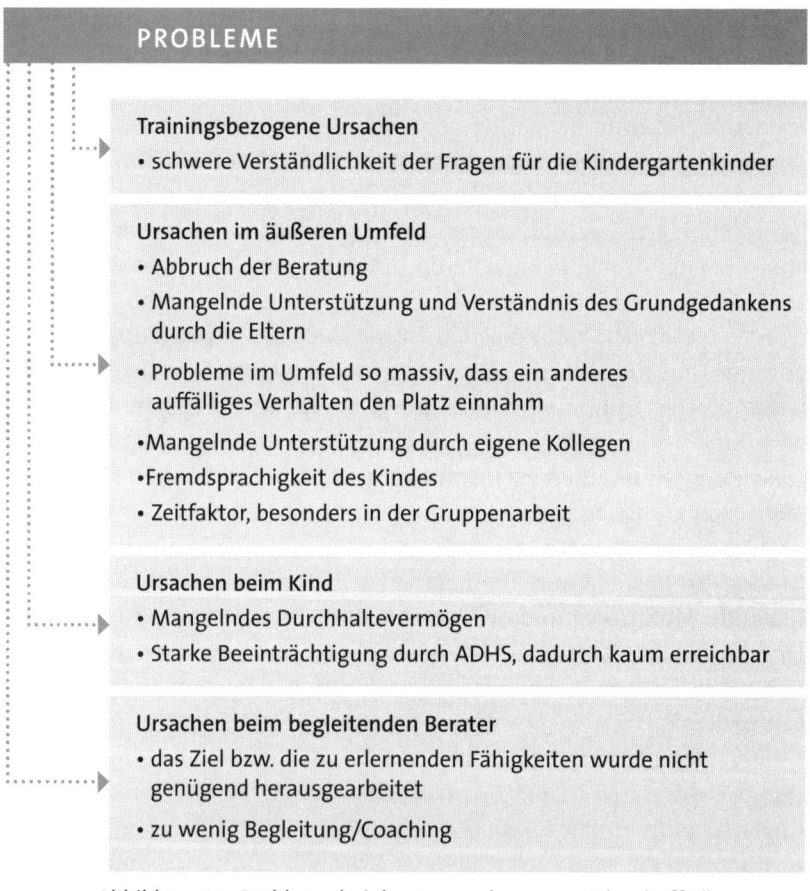

PROBLEME

Trainingsbezogene Ursachen
• schwere Verständlichkeit der Fragen für die Kindergartenkinder

Ursachen im äußeren Umfeld
• Abbruch der Beratung
• Mangelnde Unterstützung und Verständnis des Grundgedankens durch die Eltern
• Probleme im Umfeld so massiv, dass ein anderes auffälliges Verhalten den Platz einnahm
• Mangelnde Unterstützung durch eigene Kollegen
• Fremdsprachigkeit des Kindes
• Zeitfaktor, besonders in der Gruppenarbeit

Ursachen beim Kind
• Mangelndes Durchhaltevermögen
• Starke Beeinträchtigung durch ADHS, dadurch kaum erreichbar

Ursachen beim begleitenden Berater
• das Ziel bzw. die zu erlernenden Fähigkeiten wurde nicht genügend herausgearbeitet
• zu wenig Begleitung/Coaching

Abbildung 21: Probleme bei der Anwendung von „Ich schaffs!"

Die Implementierung des Trainingsprogramms in einer Gruppe bringt im Gegensatz zum Einzelsetting besondere Probleme mit sich. Zusammengefasst liegen die Schwerpunkte möglicher Problematiken in der Einzelarbeit mit „Ich schaffs!" bei Sprache und Verständnis, mangelnder Unterstützung im äußeren Umfeld und auch dabei, das Kind zu motivieren und diese Motivation aufrecht zu erhalten.

In der Gruppenarbeit sehen die „Ich schaffs!"-Anwender weitere Herausforderungen. So können etwa anfängliche Hemmnisse bei den Kindern bestehen, sich vor der Gruppe lächerlich zu machen. Folgendes Zitat aus den Antworten der Teilnehmer verdeutlicht gleich mehrere Schwierigkeiten:

„Selbst mit zwei Lehrern ist es schwierig, individuell mit den Schülern zu arbeiten, gerade bei der Formulierung des Ziels, bzw. der Fähigkeit; Vermischung der Lehrer- und Beraterrolle".

Es zeigt sich, dass im Gruppensetting ein höherer Betreuungsaufwand besteht und durch die höhere Anzahl der Kinder das persönliche Arbeiten erschwert wird. Neben dem konsequenten Einhalten der Rolle gibt es noch das Alltagsgeschehen, welches es schwierig machen kann „...den zunächst zusätzlichen Aufwand, Positives beim Kind zu entdecken und zurückzumelden". Zum Alltagsgeschehen gehört es auch, dass die kontinuierliche Teilnahme an der Gruppe nicht immer gewährleistet ist. All diese Beispiele, aufgrund des Feedbacks durch die Befragten, stellen Faktoren dar, welche man im gruppenspezifischen Setting zusätzlich beachten sollte. Möglicherweise wäre ein spezielles Gruppentraining bei der Anwendung von „Ich schaffs!" hilfreich.

Die Teilnehmer dieser Studie wurden abschließend gebeten, ein Feedback zu geben, was genau sie als Anwender an dem Programm verändern würden.

Als Verbesserungsmöglichkeiten nannten sie u.a. Möglichkeiten für eine individuellere Gestaltung, inhaltliche Veränderungen und Rahmenbedingungen.

Die genannten Verbesserungsmöglichkeiten, um eine individuellere Gestaltung zu erreichen liegen aus der Sicht der Befragten hauptsächlich in der Anpassungsfähigkeit des Konzeptes. Zum einen sollte „Ich schaffs!" ihrer Meinung nach mehr auf das Alter der Kinder und Jugendlichen abgestimmt „und noch kreativer" werden.

Zum anderen aber gehen ihre Anregungen in Richtung der materiellen Gestaltungsmöglichkeiten des Programms wie „Materialien selbst gestalten (größere Identifikation, stärkeres Erleben und Therapieeffekt), einige Kinder brauchen noch stärkere Motivation..." Durch eine Selbstgestaltung der Materialien wäre es zu dem auch möglich, das Programm individueller auf das Alter der Zielgruppe anzupassen. Ein „Ich schaffs!"-Anwender nannte auch ein bereits umgesetztes Verbesserungsbeispiel aus der Praxis: „Wir haben zusätzlich zum Heft einen Spiegel gebastelt im Sinne eines Reminders". Dies ist eine schöne Möglichkeit, die aufzeigt, wie man das Programm ganz pragmatisch individueller gestalten kann. Es wird vielfach darauf hingewiesen, dass das Trainingsprogramm auch unvollständig und in veränderter Reihenfolge durchgeführt werden kann. Doch laut eines Hinweises der Befragten würde die Nummerierung der Schritte dazu verleiten, zu denken, dass man diese in der vorgegebenen Reihenfolge durchzuführen hat. „Das Nummerieren der Schritte verleitet zur Annahme, die Schritte seien nur in dieser Reihenfolge durchführbar".

Von den „Ich schaffs!"-Anwendern zweifach gewünscht waren individuellere und alternative Verstärker zur Feier: „Die Feier, ich würde noch nach anderen Verstärkern suchen." Auch in diesem Bereich kann das Training modifiziert werden, in dem nach individuellen und kreativen anderen Belohnungsmöglichkeiten gesucht wird.

Weitere Modifikationen könnten durch eine inhaltliche Veränderung von „Ich schaffs!" erreicht werden. Die Befragten merkten an, dass man für die Kraftfigur eine andere Form finden könnte „Die Kraftfigur ist für einige nicht realistisch genug". Dazu schlugen sie vor, die Themen somatische Marker und Mentaltraining in das Konzept zu integrieren „Arbeit mit somatischen Markern und Mentaltraining". Dies würde inhaltlich eine Erweiterung darbieten.

Einige andere Verbesserungsmöglichkeiten wurden genannt, welche man unter der Rubrik Rahmenbedingungen zusammenfassen könnte. Die Befragten wiesen darauf hin, dass Hilfen für die Arbeit mit Schulklassen benötigt werden. Und machten darauf aufmerksam, Möglichkeiten für eine differenziertere Rollentrennung zwischen Lehrer und Berater zu entwickeln.

Das Trainingsprogramm bietet bereits viele Möglichkeiten zur individuellen Umsetzung. Dies ist auch ein Feedback eines Teilnehmers gewesen. Trotz allem gibt es auch bei diesem Programm Möglichkeiten zur Optimierung bzw. zur Erweiterung. Alle gegebenen Beispiele sind in Abbildung 22 präzise zusammengefasst

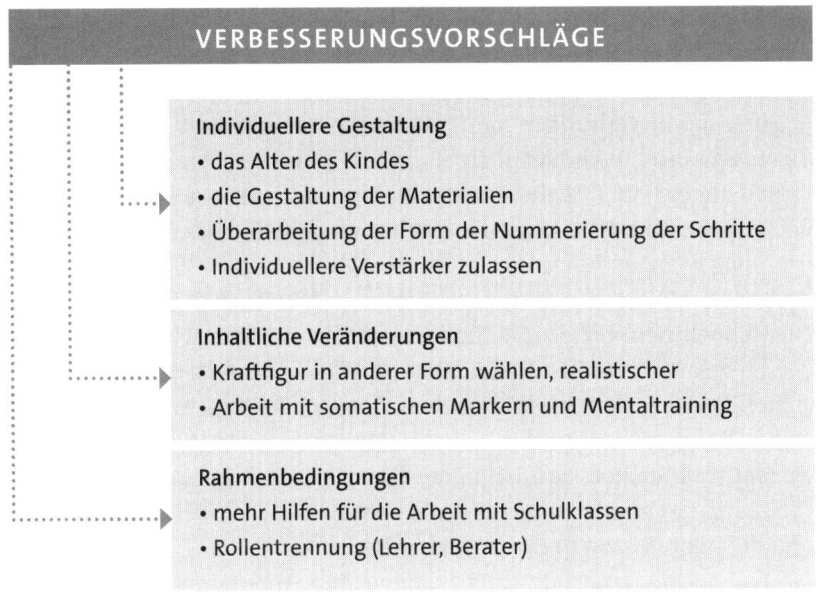

Abbildung 22: „Verbesserungsvorschläge"

3.6. Zusammenfassung

Die Stichprobe der befragten „Ich schaffs!"-Anwender ist hauptsächlich über 40 Jahre und verfügt über eine im Durchschnitt etwa 20 jährige Berufserfahrung. Aufgrund dessen kann man davon ausgehen, dass es sich um Teilnehmer handelt, welche über ausführliche Kenntnisse des pädagogischen und therapeutischen Alltags verfügen. Die Probanden weisen eine ausgewogene Verteilung hinsichtlich des Geschlechts und des Berufsfelds auf. Die Seminarteilnahme fand überwiegend im Zentrum für Systemische Therapie (Istob) in München und bei der *Firma Bentner* in Darmstadt statt. Trotz der mit 23 Teilnehmenden geringen

Stichprobe dürfte somit ein breites Spektrum der Grundgesamtheit repräsentiert werden.

Fast alle Teilnehmer haben „Ich schaffs!" bereits angewendet, über die Hälfte sogar mehr als fünfmal. Bei dieser Personengruppe kann man also davon ausgehen, dass sie in Bezug auf die Anwendung des Programms ein aussagekräftiges Feedback abgeben kann.

Bezüglich des Einsatzes von „Ich schaffs!" lässt sich feststellen, dass überwiegend einzelne Schritte daraus oder auch Schritte in veränderter Reihenfolge angewendet wurden. Die Schritte eins bis 13, welche am engsten damit verbunden sind, eine neue Fähigkeit zu erlernen, bzw. dieses erwünschte Verhalten zu bestärken, wurden in der Praxis am häufigsten angewendet. Weitere Maßnahmen, wie „zur nächsten Fähigkeit" überzugehen oder sie an andere weiter zu geben, fanden in der Arbeit im Alltag weniger Anklang.

Auch bezüglich des Gruppensettings sind Präferenzen zu erkennen. Die Teilnehmer setzten das Trainingsprogramm vermehrt im Bereich der Einzelarbeit als in der Gruppe ein. Dieses Einzelsetting entspricht letzten Endes ja dem ursprünglichen Konzept des Programms.

Die Befragten waren sich sowohl in ihrer Rolle als „Ich schaffs!"-Anwender und Berater, als auch in der Funktion als Bekunder der erlebten Resonanz der Kinder und Jugendlichen über die positiven Wirkungen und die hohe Nützlichkeit von „Ich schaffs!" einig.

Die betroffenen Kinder und Jugendlichen wollten mit „Ich schaffs!" vor allem ihre Fähigkeiten zur Bewältigung von Alltags- und schulischen Anforderungen verbessern und allgemein ihre Persönlichkeit in bestimmten Bereichen weiterentwickeln.

Angewendet hatten die Teilnehmer dieser Studie das Programm hauptsächlich bei Kindern im Alter von sieben bis zwölf Jahren. Dieses Alter wurde auch überwiegend als das geeignetste angesehen.

Die Arbeit mit „Ich schaffs!" wurde von den Teilnehmern überwiegend als positiv erlebt, die Hälfte der Anwender würde allerdings gerne etwas an dem Programm verändern. Dies lässt sich durch die Erfahrung erklären, dass es einige Fälle gab, in welchen der Einsatz von „Ich schaffs!" aus der Sicht der Anwender nicht zielführend war. Als Faktoren hierfür wurden Ursachen genannt, welche sich auf das Training selbst, Fehler bei der Anwendung, das äußere Umfeld, das Kind und den begleitenden Berater beziehen.

Als Verbesserungsvorschläge schlugen die Probanden z.B. eine individuelleren Gestaltung, inhaltliche Veränderungen und verbesserte Rahmenbedingungen vor.

4. Auswertung des zweiten Teil des Fragebogens mit den quantitativen Fragen bezüglich des „Ich schaffs!"-Trainings

4.1. Fragebogenentwicklung

Die Entwicklung des hier eingesetzten Fragebogens basiert auf Kirkpatricks (1998) „Four Levels of Evaluation". Nach diesem Modell gilt es, eine Evaluation auf den Ebenen der Reaktion, des Lernens, des Verhaltens und der Ergebnisse durchzuführen.

Die Reaktionsebene erfasst die Reaktionen der Trainingsteilnehmer auf das Trainingsprogramm und dessen Durchführung. Weisen die Teilnehmer in dieser Ebene eine hohe Zufriedenheit auf, dann wird die Motivation, daraus zu lernen, auch höher sein.

Ein Lernerfolg liegt nach Kirkpatrick vor, wenn eine Einstellungsveränderung stattgefunden, man sein Wissen erweitert und/oder seine Fähigkeiten verbessert hat.

Für die Verhaltensebene gilt es, die Verhaltensänderung der Teilnehmer zu messen. Verhaltensänderung ist das Maß, in dem sich das Verhalten durch das Training geändert hat.

Auf der Ergebnisebene wird untersucht, ob die Verhaltensänderung bei der Ausübung der Arbeit Auswirkungen auf die Organisation oder das Arbeitssystem mit sich bringt. Hier geht es um die tatsächliche Effizienz des Trainings für das Unternehmen.

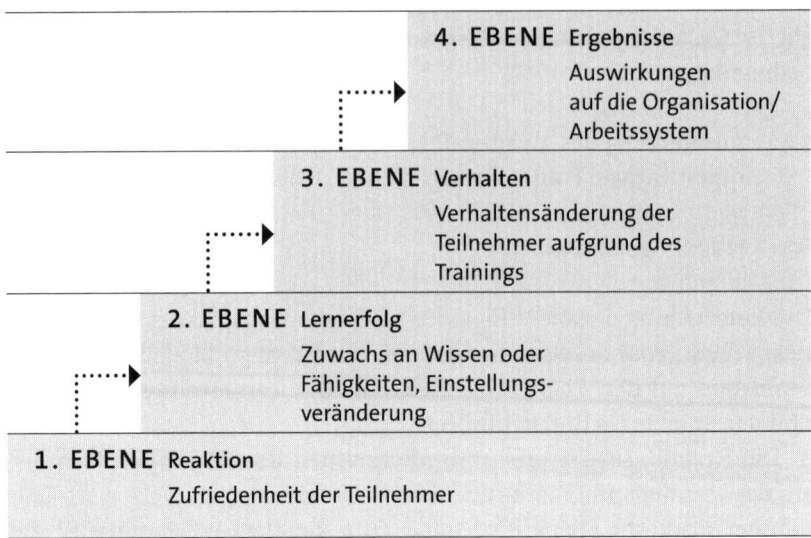

4. EBENE Ergebnisse
Auswirkungen
auf die Organisation/
Arbeitssystem

3. EBENE Verhalten
Verhaltensänderung der
Teilnehmer aufgrund des
Trainings

2. EBENE Lernerfolg
Zuwachs an Wissen oder
Fähigkeiten, Einstellungs-
veränderung

1. EBENE Reaktion
Zufriedenheit der Teilnehmer

Abbildung 23: „Evaluation der vier Ebenen nach Kirkpatrick (1998)"

4.2. Durchführung und Ergebnisse

Die Onlinestudie setzt sich aus zwei Teilen zusammen: Einem statistisch auswertbaren quantitativen Teil und einem qualitativen Teil. Der erste Teil bezieht sich auf die ersten drei Ebenen nach Kirkpatrick (1998). Zu diesen Ebenen wurde jeweils eine Hypothese formuliert:

4.2.1. Die Hypothese zur ersten Ebene

Hypothese 1: Das Training hat einen positiven Einfluss auf die Zufriedenheit der Teilnehmer.
Diese Hypothese wurde mittels acht Fragen zur Reaktion der Teilnehmer auf das Training erfasst. Als gemessene Variable diente dafür die subjektive Zufriedenheit der Trainingsteilnehmer. Die Zufriedenheit wurde bezüglich des Trainingsinhalts, der Lernwirksamkeit, dem/der Trainer/in, den räumlichen Gegebenheiten, den eingesetzten Medien, dem Erfüllen der Erwartungen, dem Aufbau auf bisherigen Erfahrungen und der Bereitschaft der Weiterempfehlung erhoben. Den Teilnehmern stand zur Bewertung eine Skala im Schulnotensystem zur Verfügung.

Die Merkmalsausprägungen zu den abgefragten Kriterien werden in der nachfolgenden Tabelle dargestellt.

Erfasste Items	Mittelwert	Standartab-weichung	Auswertung
Trainingsinhalt	1,40	0,52	sehr gut/gut
Lernwirksamkeit	1,50	0,53	sehr gut/gut
Trainer/in	1,60	0,84	sehr gut/gut
Räumliche Gegebenheiten	2,00	0,67	gut
Eingesetzte Medien	2,00	0,71	gut
Erfüllen der Erwartungen	1,60	0,84	sehr gut/gut
Aufbau auf bisherige Erfahrungen	1,90	0,74	gut
Bereitschaft der Weiter-empfehlung	1,40	0,52	sehr gut/gut
Gesamtzufriedenheit	1,40	0,70	sehr gut/gut

Tabelle 1: „Ergebnistabelle Reaktionen"

Die durchschnittliche Zufriedenheit der Teilnehmer lag bei „sehr gut" bis „gut". Rein deskriptiv lässt dies auf eine positive Tendenz für die Bestätigung der Hypothese schließen kann jedoch nicht anhand eines inferenzstatistischen Tests signifikant bestätigt werden.

4.2.2. Hypothese zur zweiten Ebene

Hypothese 2: Das Training hat einen positiven Einfluss auf den Lernerfolg der Teilnehmer.
Der Lernerfolg wurde anhand mehrerer Merkmalsausprägungen, nämlich Wissenserweiterung, Einstellungsveränderung und Fähigkeitsverbesserung, gemessen.

Wissenserweiterung
Um die Wissenserweiterung zu erheben, wurde für die Evaluation ein Wissenstest konstruiert. Es wurden Aussagen bezüglich der Lerninhalte des Trainings getroffen. Die gemessene Variable hierbei war die subjektive Bewertung der Teilnehmer bezüglich dieser Aussagen, ob diese

„falsch" oder „richtig" sind. Falls die Probanden eine Aussage nicht zuteilen konnten, stand noch die Kategorie „weiß nicht" zur Verfügung. Diese dritte, neutrale Kategorie, dient dazu, die Ratewahrscheinlichkeit der Teilnehmer zu verringern, wenn man davon ausgehen kann, dass nicht alle Teilnehmer über das Wissen verfügen, das Item beantworten zu können. (Moosbrugger, Kelava (2008, S.54)

Die jeweilige richtige Antwort dieser Aufgabe wurde mit „1", die beiden anderen wurden mit „0" kodiert. Dies bedeutet, dass Aufgaben mit hohen Mittelwerten häufig richtig beantwortet wurden.

Die Aussagen mit den höchsten Mittelwerten, also Aussagen welche von den Trainingsteilnehmern am häufigsten Richtig beantwortet wurden, waren:

> *„Probleme sind Fertigkeiten welche das Kind noch nicht gelernt hat!" (Richtige Antwort: „richtig")*
> *„Sie selbst sind die Expertin/der Experte während der Trainingsphase für das Kind!" (Richtige Antwort: „falsch")*
> *Beide Aussagen hatten einen Mittelwert von M = 0.90 mit einer Standartabweichung von SD = 0.42*

Die Aussage mit dem geringsten Mittelwert, welche also am häufigsten falsch beantwortet wurde, lautete:

> *„Das Training gelingt am besten, wenn Sie ihre Kompetenzen selbstbewusst vertreten!" (Richtige Antwort: „falsch")*
> *Bei dieser Aussage lag der Mittelwert bei M= 0.5 und die Standartabweichung bei SD= 0.53.*

Einstellungsveränderung

Die Einstellungsmessung erfolgte nach dem eindimensionalen Modell. Es handelt sich dabei um eine direkte Messung in Form einer Selbsteinschätzung. Da es sich bei Einstellungen um ein nicht direkt beobachtbares Konstrukt handelt, muss dieses anhand von Indikatoren ermittelt werden. Laut dem eindimensionalen Modell kann man aufgrund der affektiven Einstellungskomponente auf die latente variable Einstellung schließen. Die affektive Einstellung wurde aufgrund einer Selbsteinschätzung der Teilnehmer direkt gemessen. Dazu diente eine fünfstufige kombinierte Skala. Die Items konnten mit „trifft zu", „trifft eher zu", „weder noch", „trifft eher nicht zu" und „trifft nicht zu" beantwortet werden. Die Kodierung erfolgte aufsteigend von 1 „trifft zu" bis 5 „trifft nicht zu". Niedrige Mittelwerte sprechen dann für ein hohes Maß an Zustimmung. Hohe Mittelwerte dagegen für einen geringen Zustimmungsgrad.

1. Gefühle gegenüber dem Trainingsprogramm
Positiv: freudig, wohl, glücklich, zufrieden $M = 1.55\ SD = 0.56$
Negativ: wütend, frustriert, ängstlich $M = 4.74\ SD = 0.50$

2. Empfinden bei der Arbeit mit „Ich schaffs!"
Positiv: umsetzbar, hilfreich, kreativ, wertvoll $M = 1,45\ SD = 0.57$
Negativ: schwierig, unmöglich, nutzlos,
unvollkommen $M = 4.56\ SD = 0.70$

Fähigkeitsverbesserung
Zur Messung der Fähigkeitsverbesserung wurde für die Evaluation ein aus acht Aussagen bestehender Fragebogen entwickelt. Jede Aussage steht für eine bestimmte Fähigkeit, beispielsweise „...mich selbst kritischer zu reflektieren" für die Fähigkeit der Selbstreflektion. Welche Fähigkeit hinter welcher Aussage steht können dem Anhang entnommen werden.

Der Fragebogen ist gemäß dem „Internal Referencing" Design (Haccoun & Hamtieux, 1994) aufgebaut. Nach dieser Referenzstrategie vergleicht man die trainierten Kriterien mit Kriterien, welche nicht im Training vorkommen. Das bedeutet, vier der gewählten Fähigkeiten, lassen eine tatsächliche Verbesserung durch das Training erwarten (Fähigkeiten_Echt). Die vier weiteren Items dienen Kontrollzwecken. Hier wurden ebenfalls berufsrelevante Fähigkeiten verwendet, welche jedoch das Training nicht beinhaltete und bei denen somit keine Verbesserung zu erwarten war (Fähigkeiten_Fake).

Die Berufsrelevanz der Fähigkeiten wurde der Berufsbeschreibung der Agentur für Arbeit entnommen.

Der Vorteil des „Internal Referencing" Designs ist, dass man keine Kontrollgruppe benötigt, da zwei Gruppen abhängiger Variablen verglichen werden. Laut Haccoun und Hamtieux (1994) ist dies eine wirksame Kontrolle bei der Überprüfung auf Mittelwerts Unterschiede zweier Gruppen.

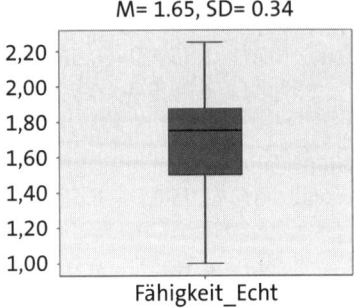

M= 1.65, SD= 0.34

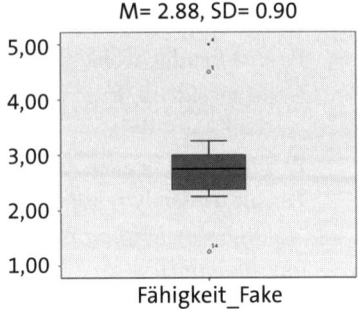

M= 2.88, SD= 0.90

Abbildung 24: „Fähigkeit_Echt"

Abbildung 25: „Fähigkeit_Fake"

Die Mittelwerte der „Echten Fähigkeiten" unterscheiden sich statistisch nachweisbar von den Mittelwerten der „Fake-Fähigkeiten". Die Mittelwerte werden im Schaubild durch die schwarze Linie innerhalb der blauen Box gekennzeichnet. Optisch lässt sich der Unterschied bereits erkennen. Statistisch überprüft wurde der Unterschied mittels eines T-Tests für abhängige Stichproben. Mit einem T-Wert von -5.28 konnte die Hypothese zu einer Wahrscheinlichkeit von 99% bestätigt werden. Der Nachweis, dass das Training einen positiven Einfluss auf den Lernerfolg der Teilnehmer hat, ist somit hochsignifikant gegeben.

4.2.3. Hypothese zur dritten Ebene

Hypothese 3: Das Training hat einen positiven Einfluss auf die Verhaltensänderung der Teilnehmer.
Die Verhaltensänderung wurde ebenso mit dem „Internal Referencing" Design von Haccoun und Hamtiaux (1994) erhoben. Den Teilnehmern wurden Items mit Verhaltensweisen vorgelegt, welche sich tatsächlich durch das Training verbessern sollten und Items, welche aufgrund des Trainings nicht verändern dürften. Die Hypothese ist dann bestätigt, wenn sich lediglich das Verhalten ändert, welches auch im Training behandelt worden ist.

M= 1.94, SD= 0.39

M= 2.53, SD= 0.69

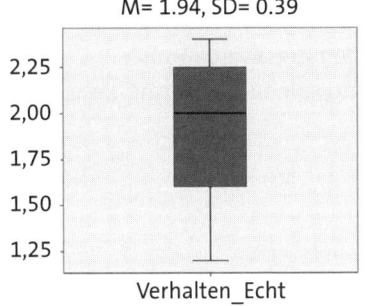

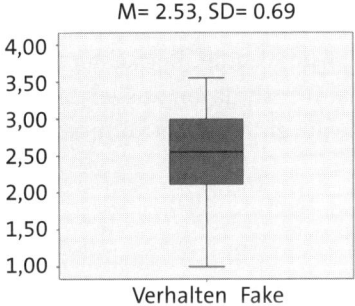

Abbildung 26: „Verhalten_Echt"

Abbildung 27: „Verhalten_Fake"

Auch in diesem Fall sind die Mittelwerts Unterschiede der Verhaltensweisen, welche sich durch das Training tatsächlich ändern sollte (Verhalten Echt) von den Verhaltensweisen welche sich durch das Training nicht ändern sollten (Verhalten_Fake), bereits optisch zu erkennen. Die statistische Überprüfung dieses Eindrucks erfolgte auch in diesem Fall wieder mit einem T-Test für abhängige Stichproben. Mit einem T-Wert von 4.79 konnte die Hypothese mit zu einer Wahrscheinlichkeit von 99% bestätigt werden. Auch bei dieser Ebene ist der Nachweis, dass das Training einen positiven Einfluss auf die Verhaltensänderung der Teilnehmer hat, hochsignifikant nachgewiesen.

4.3. Fazit

Betrachtet man die Auswertung der drei Hypothesen im Gesamten, so ist dies ein sehr positives Ergebnis. Den Ergebnissen liegt eine eher kleine Stichprobe zugrunde. Aus diesem Grund kann man die erste Hypothese auch nicht offiziell bestätigen. Doch erfreulicherweise sind die Ergebnisse der zweiten und dritten Hypothese so aussagekräftig, dass diese sogar mit einer Wahrscheinlichkeit von 99% bestätigt werden konnten. Durch das Training haben sich die Fähigkeiten der Teilnehmer verbessert und man kann auf eine Verhaltensänderung aufgrund des Trainings schließen. Da es sich bei diesem Ergebnis um subjektive Selbsteinschätzungen handelt, kann man eine positive Wirkungsweise von „Ich schaffs!" auf die Kinder und Jugendlichen lediglich postulieren. Um dies zuverlässig nachzuweisen, wären direkte Befragungen der Kinder notwendig. Betrachtet man die Angaben der Evaluationsteilnehmer, kann man davon ausgehen, dass auch eine solche Befragung zu einem positiven Ergebnis kommen würde.

Anja Becker

WAS ANWENDER/-INNEN AN „ICH SCHAFFS!" SCHÄTZEN –
ERGEBNISSE EINER EXPERT/-INNEN-BEFRAGUNG

Neben der Online Studie gewannen wir durch die telefonische Befragung von zehn Expert/-innen weitere (fundierte) Erkenntnisse über die Wirksamkeit des Programms „Ich schaffs!" und die damit verbundenen Möglichkeiten, Stärken und Schwächen. Diese Expert/inn/en sind langjährige Anwender/-innen des Programms; sie beantworteten meine Fragen nach den Einsatzmöglichkeiten, den Stärken und Schwächen sowie den Entwicklungsmöglichkeiten von „Ich schaffs!". Ziel war es herauszufinden, wie sich „Ich schaffs!" in der Praxis bewährt, woran sich dies zeigt, und welche Erfahrungen die Befragten mit dem Programm gesammelt haben. Aufgrund der selektiven Auswahl der Interviewpartner war eine grundsätzlich positive Einstellung zum Programm evident und von uns gewollt. Dadurch konnten wir uns auf zehn qualitative Interviews begrenzen.

Um mich als Interviewende mit dem Programm so gut wie möglich vertraut zu machen, erarbeitete ich mir vorab intensiv Inhalt und Aufbau des Programms und nahm an mehreren „Ich schaffs!"-Trainings teil.

Mit einem Kind aus meinem persönlichen Umfeld testete ich danach einige der 15 Schritte, indem ich versuchte, in der Rolle einer „Ich schaffs!"-Anwenderin, das Kind darin zu unterstützen, aus einer von ihm selbst als störend empfundenen Eigenschaft eine neue Fähigkeit zu entwickeln. Es war für mich frappierend zu erleben, wie selbst kleinste Anstöße mit Hilfe der praktikablen „Ich schaffs!"-Elemente ausreichten und das Kind schnell begann, eine neue Fähigkeit zu lernen.

Diese Praxiserfahrung hat meine Gewissheit der positiven Wirkungsweise des lösungs- und ressourcenorientierten Denkens und Handelns, die mir durch meine bislang absolvierte systemische Beratungsausbildung schon bewusst war, nachdrücklich bestärkt.

Auf dem Hintergrund meiner bisher vorwiegend theoretischen Kenntnissen des Programms und den eigenen Annäherungsversuchen an die Praxis setzte ich mich nun daran, unser Forschungsprojekt durch die Interviews mit den Expert/-innen zu erweitern. Die Aufgabe wurde mir dadurch erleichtert, dass ich über ein grundlegendes Verständnis der hinter „Ich schaffs!" stehenden Haltung verfüge. Ziel war es, die fundierte und tiefgreifende Analyse des Programms mit einer Bestandsaufnahme aus Sicht der Anwender/-innen abzurunden.

1. Auswahl und Profil der Expert/-innen

Zunächst informierte ich rund 30 erfahrene „Ich schaffs!"-Anwender aus unseren Arbeitskontakten und aus der Trainerliste des „Ich schaffs!" Instituts über unser Vorhaben, eine Studie zum Programm „Ich schaffs!" durchzuführen. Ich berichtete ihnen von dem Online-Fragebogen und unserer Idee, diesen mit dem Ziel zu erweitern, durch qualitative Experteninterviews ein breiteres, ganzheitlicheres Bild über die Wirkungsweise von „Ich schaffs!" zu erhalten.

Viele der Expert/-innen reagierten begeistert auf unser Vorhaben und waren gerne bereit, Fragen zu beantworten und von ihren Erfahrungen mit „Ich schaffs!" zu berichten.

Im Herbst 2011 hatten wir die Auswahl der zehn Interviewpartner/-innen abgeschlossen. Dabei legten wir besonderen Wert darauf, dass sie alle bereits mehrfache Erfahrungen mit der Durchführung des Programms gemacht hatten. Neben Trainer/-innen, die wir über die Trainerliste des „Ich schaffs!"-Instituts gewannen, erklärten sich für die Interviews auch einige Expert/-innen aus unseren eigenen Kontakten im Rahmen der systemischen Unternehmensberatung bereit. Da viele unserer Kunden in psychosozialen Beratungsfeldern tätig sind, hatten wir bereits gute Beziehungen zu mehreren Expert/-innen aus der Heimerziehung aufgebaut, die schon seit mehreren Jahren erfolgreich und intensiv mit „Ich schaffs!" arbeiteten. Auf diesem Weg gewannen wir vier Interviewpartner/-innen, wovon zwei seit Jahren besonders aktiv mit dem Programm arbeiten. Hinzu kamen die Leiterin sowie die Psychologin derselben Einrichtung, die zwar das Programm kaum selbst durchführen, aber dennoch die Entwicklungen der Kinder und Jugendlichen, die „Ich schaffs!"-Durchgänge absolvieren, kontinuierlich miterleben. Dabei unterstützen die Frauen nicht nur die Kinder und Jugendlichen, sondern auch die aktive Durchführung des Programms in ihrer Einrichtung. Insgesamt stellen diese vier Interviewpartner/-innen daher die Arbeit mit „Ich schaffs!" im Heimerziehungskontext aus unterschiedlichen Perspektiven dar. Dies erlaubt einen fundierten Blick auf das Programm und seine Stärken und Schwächen in diesem beruflichen Kontext.

Einen weiteren Experten gewannen wir aus einem anderen Kontakt der *Unternehmensberatung Bentner*. Dieser Experte ist selbst zertifizierter „Ich schaffs!"-(Eltern)-Coach und kennt „Ich schaffs!" bereits seit einigen Jahren. Er arbeitet hauptamtlich in der Jugendhilfe und hat „Ich schaffs!" bisher vor allem mit Jugendlichen angewandt und sich intensiv auf der Metaebene mit dem Programm auseinandergesetzt. So erläutert auch dieser Experte aus einer ganz eigenen Sicht die Arbeit mit dem Programm und liefert somit eine weitere interessante Perspektive zu „Ich schaffs!".

Hinzu kamen schließlich fünf weitere Expert/-innen, die wir durch die Empfehlung des „Ich schaffs!"-Institut gewannen. Auch diese Interviewpartner/-innen haben alle eine Fortbildung zum Thema „Ich schaffs!" absolviert und sind seit mindestens fünf Jahren mit dem Programm vertraut. Sie arbeiten in Praxen und Beratungsstellen, so dass diese Expert/-innen „Ich schaffs!" aus einer weiteren Perspektive beurteilen können. Sie arbeiten anders als die Expert/-innen aus der Heimerziehung über einen kürzeren Zeitraum mit ihren Klienten und sehen diese nur zu den vereinbarten Terminen. Dies lässt vermuten, dass aus dieser Position heraus ein wiederum anderes Arbeiten mit dem Programm notwendig ist.

Ein entscheidender Unterschied liegt auch darin, dass unter den Expert/-innen aus der Heimerziehung auch Mitarbeiter einer Tagesgruppe sind. Diese arbeiten mit den Kindern oder Jugendlichen, die ein „Ich schaffs!"-Programm absolvieren, quasi täglich über einen langen Zeitraum. Die anderen Interviewpartner, also Trainer, Berater oder Pädagogen, die die Kinder und Familien nur für Besuche im Kindergarten, der Schule und dem Hort sehen, oder wenn Familien nur für einige Sitzungen in die Praxis oder die Beratungsstelle kommen, haben daher anders als die Mitarbeiter in Tagesgruppen, eine sehr begrenzte Zeitspanne zur Verfügung, um mit dem Programm zu arbeiten. Sie sind daher stärker darauf angewiesen, dass das heimische Umfeld das Kind auch außerhalb des Trainingskontextes bei dem Programm unterstützt.

Wir haben bewusst nicht nur Expert/-innen aus einem Berufsfeld befragt, sondern mit pädagogischem Fachpersonal aus der Heimerziehung, mit systemischen Trainer/-inne/n, Beratenden und Therapeuten, Sozialpädagogen, Psychologen sowie Heilpädagogen aus unterschiedlichsten Kontexten im psychosozialen Feld gesprochen. So zeigt sich ein umfassendes Bild der Einsatzmöglichkeiten und -grenzen von „Ich schaffs!". Die vielfältige Auswahl der Befragten trägt zudem der Tatsache Rechnung, dass „Ich schaffs!" in unterschiedlichen Berufsfeldern bereits genutzt wird, um Probleme lösungs- und ressourcenorientiert anzugehen. Zudem können die Ergebnisse so besser verdeutlichen, wie „Ich schaffs!" unter unterschiedlichen Bedingungen erfolgreich eingesetzt werden kann.

Unter den zehn Befragten befinden sich sechs Sozialpädagog/-inn/en, eine Psychologin, die Leitungskraft einer Heimerziehungseinrichtung, eine Heilpädagogin sowie ein Erzieher. Fünf der befragten Expert/ -innen gaben zusätzlich an, eine systemische Weiterbildung absolviert zu haben. Die sechs Frauen und vier Männer sind in folgenden Bereichen tätig: Vier Expert/-innen/en arbeiten in der Heimerziehungspflege, darunter fallen neben Sozialpädagog/-inn/en auch die Heimleitung und die Psychologin der Einrichtung. Eine Expertin arbeitet in einer Kindertageseinrichtung mit Integrationsgruppen, eine weitere in einer Praxis für Kinder- und Jugendpsychiatrie. Weitere drei Experten sind in der Jugendhilfe, in der sozialpädagogischen Familienhilfe sowie in der Familien- und Kindertherapie tätig. Eine Expertin schließlich ist Mitarbeiterin in einer heilpädagogischen Praxis. Die Expert/-innen verfügen alle zwischen zwei und 14 Jahren Erfahrung mit „Ich schaffs!".

Im Unterschied zu Julia Stephans Online-Studie mit ihrer zufälligen Beteiligungsstruktur wählten wir unsere Expert/-innen für diese Studie bewusst gezielt aus, um so ein breites Spektrum an unterschiedlichen Anwender/-innen für das Thema zu erreichen und die Ergebnisse von Frau Stephan qualitativ zu ergänzen. An der Online Befragung konnte sich grundsätzlich jede/r, der „Ich schaffs!" kennt, beteiligen, auch ohne das Programm schon oft praktisch angewandt zu haben. Die qualitative Expertenbefragung hingegen bietet einen breiten Einblick, wie sich erfahrene „Ich schaffs!"-Anwender/-innen mit dem Programm zurechtfinden. Dabei verdeutlichen sie auch die Stärken und Schwächen des Programms und unterstützen so das Verständnis von „Ich schaffs!" für Leser/-innen ohne Expertenkenntnisse über das Programm.

Die hier befragten Expert/-innen konnten bereits etliche Erfahrungen bei der Durchführung von „Ich schaffs!" sammeln und sich intensiv mit dem Programm auseinandersetzen. Die Ergänzung der Online-Befragung durch die telefonischen Expert/-innen-Interviews erlaubt so eine eingehende Beleuchtung der Erfahrungen von Anwender/-innen und somit möglicherweise weitere Erkenntnisse über die Wirksamkeit des Programms aus professioneller Sicht.

2. Methodisches: Das Konzept „Appreciative Inquiry" als Interviewtechnik

Nachdem Julia Stephan ihren quantitativen Online-Fragebogen entwickelt hatte, begann ich meinen Fragebogen für die Expert/-innen-Interviews zu erarbeiten. Dabei war es für uns wichtig, dass die Fragen an die Expert/-innen diesen viele Möglichkeiten geben, aus eigenen Erfahrungen über die Wirksamkeit des Programms zu sprechen. Gleichzeitig sollte meine Untersuchung die quantitative Befragung ergänzen und eine persönliche Note einbringen. Da wir die Studie aus dem Kontext der systemischen Unternehmensberatung über ein lösungsorientiertes Programm durchführten, entschieden wir uns, dazu passend die Befragung mit einer wertschätzenden Interviewtechnik zu gestalten. So führte ich die Interviews mit Hilfe eines Leitfragebogens durch, welchen ich Anlehnung an die Methode „Appreciative Inquiry" (AI, „Wertschätzende Erkundung"; vgl. zur Bonsen/Maleh, 2001) gestaltete.

Diese Methode wird üblicherweise in der Organisationsentwicklung eingesetzt und setzt an bereits vorhandenen Stärken in Organisationen an, um diese in Veränderungsprozessen weiter zu entwickeln. Die Methode nutzt im Sinne des ressourcenorientierten Arbeitens bereits vorhandene „Juwelen der Organisation" (zur Bonsen, Maleh, 2001, S. 16) – „AI betrachtet die Organisation (oder das Team) nicht als ein Problem, das gelöst werden muss, sondern als ein Potenzial, das entfaltet werden kann." (ebd., S. 17)

Die wertschätzende Erkundung gliedert sich im Regelfall in vier Phasen. Zunächst steht das „Erkunden und Verstehen von dem was bereits da ist", zweitens das „Visionieren, über das was sein könnte", drittens das „Gestalten, was sein soll" und schließlich das „Planen, was künftig sein wird". (vgl. ebd.)

Bei unseren Expert/-innen-Interviews sollte daher entsprechend der ersten Phase des „Erkundens und Verstehens" zunächst erfragt werden, *welche positiven Erlebnisse mit „Ich schaffs!" bereits gemacht wurden und was genau daran so besonders oder herausragend war.* Hier interessierte uns insbesondere, was Kinder oder Jugendliche mit „Ich schaffs!" bereits erreicht und welche Erfahrungen die Expert/-innen diesbezüglich bereits gesammelt hatten. Zu dieser Phase der wertschätzenden Erkundung gehört auch die zweite Frage unseres Leitfragebogens. Hier ging es darum, *welche allgemeinen Erfahrungen die Befragten gemacht hatten, und wie positive Veränderungen mit dem Programm bewirkt werden können.* So wurde den Expert/-innen die Möglichkeit geboten, die bisherige Praxis mit „Ich schaffs!" reflektierend Revue passieren zu lassen, die Wirkungsweisen und die Möglichkeiten des Programms wurden nochmals ins Gedächtnis gerufen.

Im zweiten Teil des Interviews gaben die Befragten eine Beurteilung ab, *wie sie als Expert/-innen die Arbeit und Resultate mit „Ich schaffs!" einschätzten, wenn es Möglichkeiten gäbe, das Programm noch breiter einzusetzen.* Hier beginnt die zweite Phase der wertschätzenden Erkundung, das „Visionieren". Die Expert/-innen entwarfen an dieser Stelle Ideen für eine Zukunft von „Ich schaffs!", sollte es breiter eingesetzt werden und somit mehr Kinder, Jugendliche aber auch pädagogisches Fachpersonal, Trainer, Psychologen und Therapeuten erreichen. An dieser Stelle konnten die Expert/-innen Beispiele ihrer Arbeit mit „Ich schaffs!" anbringen, die sie bereits aus ihrer Praxis kennen, Visionen entwickeln, was mit „Ich schaffs!" erreicht werden könnte und welche Ideen sie bereits eigenständig entwickelt hatten oder gerade am Ausprobieren waren. Diese Stufe der Befragung legt den Fokus also auf die Zukunft, darauf, wie sich „Ich schaffs!" und der Umgang damit entwickeln könnten.

Abschließend benannten die Expert/-innen schließlich ihren Idealzustand für die Arbeit mit „Ich schaffs!". Ich fragte danach, *welche Vorstellungen und Ideen die Expert/-innen für die weitere und zukünftige Arbeit mit „Ich schaffs!" haben, um einem Idealzustand näher zu kommen, und was für sie ein Idealzustand ist.* Hier bekamen die Befragten die Möglichkeit, zu benennen, wie sich (die Arbeit mit) „Ich schaffs!" entwickeln soll – welche Faktoren dazu beitragen und was einen „Idealzustand" ausmacht. Bei dieser Frage deckten wir sowohl die AI-Phase des „Gestalten, was sein soll", als auch die Phase des „Planens, was einmal sein wird" ab.

Im Telefonat wurde mir deutlich, dass die Expert/-innen in diesem Fall das „Visionieren" und das „Gestalten" und „Planen" nicht immer vollständig voneinander trennen konnten. Dies lässt sich nicht zuletzt dadurch erklären, dass die Expert/-innen einerseits bereits sehr kreativ und zukunftsweisend mit dem Programm arbeiteten, andererseits für eine Veränderung, sowohl individuelle klientenbezogene Vorstellungen als auch Wünsche über die weitere Verbreitung der hinter dem Programm stehenden Haltung hatten.

Durch diese vier Interview-Phasen bekamen die Expert/-innen die Möglichkeit, das Programm auf unterschiedlichen Ebenen ressourcenorientiert zu reflektieren. Die zwei ersten Fragen zeigen auf, was bereits gut funktioniert und wie „Ich schaffs!" ihren Erfahrungen nach besonders wirksam ist. In den zwei folgenden Fragen machten die Expert/-innen deutlich, welche Möglichkeiten das Programm zusätzlich birgt, aber auch, was dafür notwendig ist, so dass hier trotz der wertschätzenden und ressourcenorientierten Fragestellungen Raum für konstruktive Kritik blieb.

Um diese wertschätzende Sicht noch etwas kritisch abzurunden, haben wir zusätzlich zu den an die „Appreciative Inquiry" angelehnten Fragen, den Expert/-innen abschließend die Möglichkeit gegeben, Kritik am Programm zu üben. Hier fragten wir, *ob es aus Sicht der Expert/-innen auch etwas „Schwieriges oder Problematisches an „Ich schaffs!" gibt, oder ob sie eine andere Kritik an dem Programm haben.*

3. Wie Wissenschaft Wissen schafft – die qualitative Inhaltsanalyse zur Auswertung der Interviews

Die zehn Experten-Interviews führte ich per Telefon, sie dauerten im Schnitt 25 Minuten und wurden mit Erlaubnis der Interviewpartner/-innen digital aufgezeichnet, vertraulich behandelt und anonymisiert.[1] Die Aufzeichnungen erlaubten es mir im Nachhinein, die Aussagen der Expert/-innen stichpunktartig zu transkribieren und während der Auswertung immer wieder in die Original-Aufnahmen hinein zu hören. Nur so ließ sich garantieren, dass ich alle wichtigen Inhalte einbeziehen konnte und mir eine fundierte inhaltsanalytische Auswertung aller Aussagen möglich war.

---

1 Alle Interviews wurden sequenziell transkribiert. Folgende Zitate mit den fortlaufenden Kennzeichnungen I1 bis I10 sind originalgetreue Transkripte der digital aufgezeichneten Interviews mit den unter Punkt 1 vorgestellten Expert/inn/en. Dabei steht jede Zahl für eine/n andere/n Experten/in und das „I" für Interviewpartner/-in. Die Dokumente können bei der Autorin angefordert werden.

Nachdem für die telefonischen Experteninterviews der Leitfaden eines qualitativen Interviews festgelegt war, entschied ich mich, die Auswertung mit Hilfe einzelner Schritte der qualitativen Inhaltsanalyse in Anlehnung an Mayring (1990) durchzuführen, so dass die Analyse nachvollziehbar und intersubjektiv überprüfbar ist.

Hierbei werden alle Interviews kodiert und es wird mit Hilfe dieser Kodierungen eine fundierte Analyse erarbeitet. Nachdem ich alle Interviews geführt, sie mehrfach angehört und stichpunktartig zusammengefasst hatte, begann ich, die Kodierung vorzubereiten. Ich definierte zunächst den kleinsten Materialbestandteil, der unter eine mögliche Kategorie fällt, als „einen Satz" der Befragten. Im zweiten Schritt legte ich den größten Materialbestandteil fest, der einer Kategorie zugeordnet werden kann (vgl. ebd. S. 49ff). Dieser umfasst eine „sinnzusammenhängende Aussage", die nicht an einen einzelnen Satz geknüpft ist. Diese Überlegung schien mir schon deshalb sinnvoll, da alle Expert/-innen sehr differenziert von ihren Erfahrungen berichteten und der Interviewleitfaden ihren Antworten bereits im Vorfeld thematisch größtenteils eine klare Struktur gab. Im Laufe des Kodierungsprozesses erwies sich diese Zuordnung als sinnvoll und hilfreich, da kleinere Einheiten den Sinn möglicherweise verfälscht und größere wichtige Informationen vernachlässigt hätten. Ich entschied mich zunächst, alle Interviews *nacheinander* zu kodieren und legte mit dieser Vorgehensweise die Auswertungseinheit fest. (vgl. ebd., S. 49ff) Dementsprechend kodierte ich das erhobene Material in mehreren Schritten. Als ich mit der eigentlichen Kodierung begann, hörte ich mir zunächst die einzelnen Interviews mehrfach an und paraphrasierte so Satz für Satz die Inhalte jedes Interviews. Diese Paraphrasen generalisierte ich im zweiten Schritt, so dass inhaltlich gleiche Aussagen die gleiche Paraphrase erhielten. Daraus entwickelte ich im dritten Schritt dann die Kategorien (vgl. ebd., S. 52ff). Beispielsweise ergab die ausführliche Beschreibung des „Umdeutungsprozesses einer Schwierigkeit in eine neue Fähigkeit" eine kurze Paraphrase mit dem Namen „positiver Umdeutungsprozess" und schließlich eine Kategorie mit dem Namen *positive Wirkungsweise* von ‚Ich schaffs!'".

Im nächsten Schritt bearbeitete ich die gefundenen Kategorien aller Interviews nochmals, so dass ich dann allgemeingültige Kategorien für alle zehn Interviews entwickeln konnte. Dabei zeigte sich wieder, wie strukturiert und ausdifferenziert die Antworten der Befragten sind, denn häufig überschnitten sich die bereits gefundenen Kategorien der einzelnen Interviews. Daher fiel mir das Entwickeln der Kategorien für das gesamte Interviewmaterial relativ leicht. Gleichwohl bedeutete dies für mich eine besonders strenge Kontrolle der Zuordnungen, um so eventuell ähnlich erscheinende Aussagen nicht ungenau zuzuordnen. Hier war die Überprüfung meiner Zuordnungen durch eine dritte Person von besonderer Bedeutung. Ich koppelte alle Inhalte während des gesamten Analyse- und Kodierungsprozesses immer wieder mit den Aufnahmen rück und ließ die Kategorien auch durch die dritte Person überprüfen. Die Kategorie des oben genannten Beispiels fiel letztlich in die allgemeingültige Kategorie „Bedingungen für die positive Wirkungsweise von ‚Ich schaffs!' in der Praxis". Da diese Zuordnung sehr abstrakt ist, stellte ich durch Verweise sicher, dass ich alle genauen Wortlaute der Befragten den Kategorien weiterhin zuordnen konnte. Aus den so entstandenen Kategorien und den ihnen zugeordneten Paraphrasen entstand meine erste zusammenfassende Analyse aller Interviews. Diese formulierte ich in Stichpunktform. Im nächsten Schritt strukturierte ich die zugeordneten Aussagen nun auch skalierend. Dies erlaubte es mir, die Häufigkeiten, die Zufälle sowie individuelle Ideen und Möglichkeiten mit Hilfe von Zitaten, Kontext-Informationen sowie Definitionen näher zu erläutern und zu analysieren. (vgl. ebd., S. 56ff, sowie S. 86f)

Die folgende Auswertung basiert auf der Feststellung, dass sich die Antworten in sechs unterschiedliche Themengebiete einteilen lassen, worunter gleichwohl unterschiedlich dimensionierte Antworten fallen, welche auf unterschiedliche Erfahrungswerte, berufliche Hintergründe und variierende Ausbildungen der Befragten zurückzuführen sind. Es wird zudem deutlich, dass sich bei der Beantwortung vieler Fragen auch widerspiegelt, aus welchem Berufsfeld die jeweiligen Expert/-innen stammen.

Die Kategorisierungen und deren mehrfache Überprüfungen erlaubten es mir, mögliche subjektive Beeinflussungen so gering wie möglich zu halten. Auch wenn ich immer bemüht war, möglichst objektive Zuordnungen zu Kategorien und auch Entwicklungen der Kategorien selbst vorzunehmen, möchte ich hier darauf aufmerksam machen, dass dies nicht immer vollständig gelungen ist. Denn auch ich bin durch individuelle Vorerfahrungen und subjektive Sichtweisen geprägt, die meine Analyse beeinflussen können. Die Überprüfung meiner Zuordnungen durch eine dritte, außenstehende Person trägt aber nicht unmaßgeblich dazu bei, dass ich die mir bestmögliche Einstufung der Aussagen vornehmen und somit eine intersubjektive Validierung gewährleisten konnte.

4. Ergebnisse

4.1 „Highlights" bei der Anwendung von „Ich schaffs!"

Die befragten erfahrenen „Ich schaffs!"-Anwender/-innen beschreiben im Verlaufe des Interviews interessanterweise sehr unterschiedliche Praxisbeispiele, welche sie als besondere ‚Highlights' bei der Anwendung des Programms „Ich schaffs!" ansehen. So erläutern manche explizit *einzelne Schritte* des Programms, welche immer wieder ein Highlight darstellen, während sich andere *an konkrete Fälle* erinnern, in denen besonders die Hilfe zur Selbsthilfe oder aber die Geduld und das kreative Arbeiten die entscheidende Rolle gespielt haben. Es zeigen sich hier keine klaren Trends bei den Befragten, sondern jeder Experte und jede Expertin verweist auf ein ganz individuelles „Highlight"-Erlebnis. Hierzu nun folgende drei exemplarische Beispiele:

Ein Ereignis, das eine Expertin besonders beeindruckt hat, ist ein Kindergartenkind, das so schüchtern war, dass es sich kaum traute, eigene Freunde anzusprechen, geschweige denn andere Kinder.

> *„Es ging um ein vier, fünf Jahre altes Kind. Da sollte die Mutter in Kur. Die Mutter ist alleinerziehend, und der Junge sollte dort in der Kur in einen Kindergarten gehen. [...] Sie war aber sehr verzweifelt, weil der Junge zuhause geweint hat und geschrien hat und schon vorab mit Verweigerung gedroht hat, dass er dort nicht in einen fremden Kindergarten geht. Die Kur stand jetzt also in den nächsten zweieinhalb Wochen bevor und ich sollte ihr irgendwie helfen, das Kind dazu zu bringen, mitzugehen. [...] Und ich habe gedacht, ja gut, ich probiere es jetzt mal mit ‚Ich schaffs!' und habe also mit ihm zunächst mal besprochen, dass er sicher gemerkt hat, dass es der Mutter nicht so gut geht in letzter Zeit und da sagte er ‚ja, das hatte er schon bemerkt' [...] Dann habe ich ihn gefragt, ob er sich denn wünscht, dass es denn der Mutter wieder besser ginge. Das wollte er auf jeden Fall, und dann fragte ich ihn, ‚Was tust du denn, wenn es dir schlecht geht, wo kannst du dir denn Hilfe holen' Da*

sagte er ‚ja er geht zu Mama‘, dann sagte ich ‚Wo könnte sich jetzt die Mama Hilfe holen?‘ [...] Das wusste er dann nicht und dann habe ich ihm erzählt, dass Erwachsene zum Arzt gehen zum Beispiel, oder bei Freunden sich aussprechen. Und dass die Mama schon beim Arzt war, und dass der Arzt gesagt hat, die Mama bräuchte Hilfe, indem sie zu so einer Kur fährt. [...] Dann haben wir uns darüber unterhalten und wie das so ist und dass man sich auch als Erwachsener ja zunächst mal gar nicht auskennt, dass die Gruppe neu ist, die Leute neu sind, dass das immer ein bisschen komisch ist, oder manchmal auch ein bisschen ängstlich sich anfühlt. Und in diesem Gespräch sind wir dann auch so drauf gekommen, dass er genau deshalb nicht dahin möchte, weil er einfach Angst hatte vor dieser neuen Situation und vor neuen Kindern. [...] Der Junge war wirklich extrem schüchtern, hat also kaum Blickkontakt aufgenommen, nicht mal zu uns, obwohl er uns schon lange kannte und auch nicht mal zu seinen Freunden. Und ich habe ihn dann mal gefragt, ob wir es mal ausprobieren wollen, dass wir ihm helfen, das zu lernen, dass er sich traut, und dass er das vielleicht dann besser schafft und weniger Angst hat. [...] Und da hat er sich auch drauf eingelassen. Und dann sind wir diese Schritte durchgegangen, welchen Nutzen das hat, wenn er mutiger wäre und so weiter. [...] Am nächsten Tag habe ich mit ihm geklärt, ‚Wie könnte man das jetzt angehen, wie kann man das in kleinen Schritten üben?‘ Wir haben angefangen mit seinem allerbesten Freund. Wenn er also mit seinem allerbesten Freund in der Bauecke spielt und es gelingt ihm, den mal anzusprechen oder anzugucken, dann darf uns der Freund das sagen und dann haben wir dort so einen Post-it Zettel an den Schrank geklebt und haben natürlich am Ende des Tages ihn super gelobt, dass da drei oder vier Zettel hingen. So haben wir das dann von Tag zu Tag aufgebaut. [...] Bis eben diese zwei Wochen um waren. [...] Die schwierigste Aufgabe war, in die Nachbargruppe zu gehen und dort etwas zu holen für das Fest. [...] Er konnte es auch prima benennen, dass er ‚Menschenmut‘ braucht. Ja, ich fand es sehr beeindruckend, dass eben so ein Kind in jungem Alter die Situation, in der es sich befindet, so klar ausdrücken konnte, dass er genau wusste, dass er diesen ‚Menschenmut‘ braucht, oder dass es der Mutter nicht gut geht, dass sie Hilfe braucht. [...]

Das fand ich ja am Herausragensten und wie schnell [...] Ich fand es auch sehr hilfreich für die Mutter, falls es dort nicht klappt, ihn daran zu erinnern. [...] Also dieses sehr [...] Zuversichtliche, es macht so viel Hoffnung. Das hat auch der Mutter sehr geholfen und, ja, wie simpel und wie schnell das ganze doch auch ging, das hat mich sehr beeindruckt. [...] Und [er, Anm. d. A.] war auch mächtig stolz, das dann auch geschafft zu haben, und auch die ganze Gruppe, die ging da so mit, die waren richtig scharf drauf zu gucken ‚wann hat er mich angeguckt' " 16*

Mit Hilfe des „Ich schaffs!"-Programms hat der Junge es geschafft, den hierfür erforderlichen und gewünschten „Menschenmut" als Fähigkeit zu erlernen. Das Programm, insbesondere die kleinen Anstöße zur Selbsthilfe, haben hier auf simple Art und Weise und mit kleinsten Schritten gut funktioniert. Der beschriebene Junge konnte ausdrücken und einschätzen, was er brauchte, wählte Helfer aus (u.a. den besten Freund) und konnte so schnell durch Üben seine Fähigkeit erlernen.

Ein weiteres Ereignis, das ein Experte als besonders herausragend beschreibt, ist ein Kind, das auf die Vorschläge des „Ich schaffs!"-Trainers lange Zeit nicht (gut) reagierte und erst nach viel Zeit und Geduld seine Ideen selbst ausdrücken konnte. Danach erst absolvierte auch dieses Kind erfolgreich das „Ich schaffs!"-Programm.

„Das [Highlight, d. A.] war das Ereignis, dass nach längerer Zeit ich schon leichte [...] Motivationsprobleme auf meiner Seite hatte, das Programm einfach durchzuhalten und es einfach zu probieren, und dass einfach nach einer längeren Zeit und Geduld und [...] immer wieder neuer, kreativer Auseinandersetzung es dann doch einfach zu diesem ersten Schritt, dem Dreh, kam. Konkret war es einfach so, dass das Kind auf alle Vorschläge, wie diese Fähigkeit sein soll, nicht so gut reagiert hat und aber trotzdem nach einer gewissen Zeit und [...] Geduld, die auch eine Kreativität beinhaltet, dann plötzlich selber eine Idee hatte und das formulieren konnte. Das hat mich sehr beeindruckt." 17

Die Einsicht, dass durch geduldiges und kreatives Eingehen des Trainers auf das Kind dieses letztendlich für sich selbst ein Ziel herausfinden und formulieren kann, war für diesen Experten zentral. Er spricht sich klar dafür aus, die Routinen des pädagogischen Alltags gegebenenfalls zu entschleunigen.

Ein weiterer Experte hat „Ich schaffs!" bei einer Kindergartengruppe angewandt. Er besuchte die Gruppe zunächst zwei Mal und erarbeitete mit ihnen grundlegende Aspekte, unter anderem wurde geklärt, welche Fähigkeit(en) die Kinder mit dem Programm erlernen wollten. Von der Erzieherin hat er dann die Rückmeldung bekommen, dass selbst dieser kleine Anstoß vielen Kindern bereits geholfen hat, die gewünschte Fähigkeit zu erlernen. Dass dieser kleine Impuls bereits ausreichte, um so viel zu bewirken, beeindruckt diesen Experten besonders.

> *„Also ein [Highlight, d. A.] Ereignis war, ich hatte es im Kindergarten angewendet, mit einer Kindergartengruppe und [...] ich war zwei Mal dort gewesen und habe so das Programm und welchen Nutzen das hat gemacht und [besprochen, Anm. d. A.], welche Fähigkeit die Kinder lernen wollen. [...] Also quasi zu Beginn des Programms, dann kamen sie [die Kindergartengruppe, Anm. d. A.] und die Erzieherin berichtete mir von einem Mädchen, [...] – also es hatte das Problem, sobald jemand etwas machen sollte, ist sie hingegangen und hat stattdessen das dann gemacht, um dem anderen Kind die Arbeit abzunehmen – das [Problem, d. A.] war weg gewesen, das hat sich gelöst. [...] Meine Interpretation, oder das, was ich auch erlebe, ,man gibt einen kleinen Anstoß und dann läuft das schon von alleine'." I10*

Diese Beispiele verdeutlichen, dass gerade kleine Ziele meist schnell und einfach mit dem Programm erreicht werden können. Die Kinder (und Trainer) bekommen eine erlebbare Struktur sowie Kontinuität und können sich auf die positiv besetzte Fähigkeit, die es zu lernen gilt, konzentrieren. Kinder und Jugendliche schaffen es so, mit ihren Ressourcen in Kontakt zu kommen und mit Hilfe der Schritte und des Helfersystems aus dem ehemaligen Problem eine neue Fähigkeit zu lernen. Es zeigt sich zudem, dass einerseits auch kleine ressourcenorientierte Anstöße zur Selbsthilfe durch einzelne Schritte des Programms manchmal ausreichen, um eine Veränderung hin zu einer neuen Fähigkeit auszulösen. Andererseits veranschaulichen die Beispiele auch, dass mit viel

Geduld, Kreativität und kontinuierlichem Üben, Loben und Erinnern auch Kinder, denen eine Veränderung hin zu einer neuen Fähigkeit nicht so leicht fällt, mit „Ich schaffs!" erfolgreich Probleme in Fähigkeiten verwandeln können. Es scheint, dass die befragten Experten ihre Arbeit mit „Ich schaffs!" immer individuell an ihre Klienten anpassen, um das Programm erfolgreich einzusetzen.

Zusätzlich benennen vier der befragten Experten unterschiedliche Erlebnisse, bei denen besonders Kinder, die es trotz physiologischer und/oder psychosomatischer Hürden schaffen, Fähigkeiten durch das Programm zu erlernen und dementsprechend für solche Highlights bei der Arbeit mit „Ich schaffs!" sorgen:

Ein Kind setzte sich das große Ziel, mit Hilfe von „Ich schaffs!" ohne Impuls hemmende Medikamente auszukommen und schaffte dies trotz der physiologischen Gründe für die Medikamenteneinnahme. Von anderen Kindern kennt diese Expertin sonst eher das Erreichen kleinerer Ziele und war daher besonders beeindruckt.

> *„Wir haben ein Kind in der Gruppe, das hat bis vor einiger Zeit [...] so ein Impuls hemmendes Medikament eingenommen, weil es ja immer sehr schnell ausgerastet ist, oder sehr schnell aggressiv wurde. [...] Und das Kind hatte sich vorgenommen, ohne diese Medikamente auszukommen, und ich war da sehr skeptisch, da das schon ein sehr großes Vorhaben ist – das hat ja auch physiologische Zusammenhänge, warum das nicht funktioniert, dass man Impulse kontrolliert – und da war ich sehr skeptisch, ob der Junge das schaffen würde. Wir haben uns dann trotzdem darauf eingelassen so ein ‚Ich schaffs!'-Training mit ihm zu machen und er hat es tatsächlich hingekriegt. Er nimmt seit dem kein Medikament mehr."* 12

Ein weiteres Ereignis, das eine Expertin besonders beeindruckt, ist ein Junge mit AD(H)S, dem bestimmtes Verhalten, wie z.B. „nicht dazwischen quatschen", sehr schwer fiel. Er hat mehrere „Ich schaffs!"-Durchgänge erfolgreich absolviert. Der Junge kam dabei mit seinen Ressourcen in Kontakt, suchte sich Helfer (u.a. ein anderes Kind), ließ sich durch die Struktur helfen und konnte herausfinden, was er braucht. Er verinnerlichte es und baute weiter darauf auf.

„Da hatte ich mit einem sehr lebendigen, fantasievollen Jungen ge-
arbeitet, der so die Symptome von einem ganz starken AD(H)S
zeigte und mit dem habe ich damit gearbeitet und mit dem hat das
ganz, ganz viel Spaß gemacht, weil er einfach so kreativ und fanta-
sievoll von sich aus war und ganz leicht zu motivieren war. [...]
Thema war, also die Probleme, womit so seine Eltern kamen, wo
auch schon eine ganz schwierige Beziehung war mittlerweile, weil
die Eltern nur noch in der Lage waren, so das Negative in ihm zu
sehen, so und er [...] war sieben, als er zu mir kam und er hatte
überall Hausverbot, weil er durch seine starken Wutanfälle so auf-
fiel und dann auch wirklich sich und auch andere gefährdete [...]
und in der Schule wurde sich ständig über ihn beschwert, weil er
wirklich solche Ausraster kriegte. [...] Und ich hatte mit dem Pro-
gramm angefangen zu arbeiten, und das, was auch einfach ganz
gut klappte, war das System mit einzubinden. [...] Dann war so die
Fähigkeit, was wir herausgearbeitet hatten, ‚dass er Boss über seine
Wut' wird. Und als wir dann zu dem Teil kamen, dass er sich über-
legte, was ihm dann helfen könnte, um das zu schaffen [...], dann
meinte er, er würde gerne eine ‚Nicht-Anzünde-Rakete' sein, weil an
Silvester würde er so gerne knallen und er ärgert sich immer über
diese Raketen, die [...] sich nicht anzünden lassen. So eine Rakete
möchte er sein und dann stellt er sich immer vor, er ist so eine Ra-
kete, wenn die anderen Kinder ihn ‚zündeln' wollen und er lässt sich
nicht anzünde(l)n. Und dieser Junge hat nie wieder in der Schule
einen Wutanfall gekriegt. [...]Das war so beeindruckend. Und die
Lehrerin hat da auch gut mitgemacht." I5

Ein 14-jähriger Junge mit dem Asperger Syndrom lernte durch „Ich
schaffs!", sich tagsüber nicht mehr einzukoten. In diesem Fall war über
den Nutzen kaum eine Motivation zu erreichen, dafür begeisterte ihn
das Üben umso mehr. Besonders beeindruckend ist hier, dass der Junge
es trotz seiner eingeschränkten Kommunikationsmöglichkeiten und des
schwierigen Verständnisses von Realitäten schaffte, das Programm konsequent umzusetzen.

„Also das Herausragendste, wo ich jetzt ‚Ich schaffs!' gemacht habe,
war mit einem 14-jährigen Jungen, der das Asperger Syndrom hat,

eigentlich ziemlich ausgeprägt und der bei uns in der Tagesgruppe war, wo ich mit der Familienarbeit ‚Ich schaffs!' erwähnt habe und das dann mit dem Jungen das umgesetzt habe. Problem war, dass er mit 14 Jahren noch tagsüber eingekotet hat und das für ihn, aber auch für seine Eltern [...] ein ziemlich belastendes Problem war und ja bei ihm ‚Ich schaffs!' doch eine enorme Wirkung gezeigt hat, was mich sehr erstaunt hat. [...] Schon bei dem, was die Fähigkeit ist, die der Junge lernen sollte, hat er sich sofort dafür entschieden zu lernen, aufs Klo zu gehen, [...] und wir haben dann zwar lange gebraucht, aber doch dann die Idee entwickelt, wie er das üben kann. Über den Nutzen war wenig zu machen, aber für das Üben hat er sich sehr interessiert und wir haben dann eine Uhrzeit festgelegt [...], auf der er einfach nur aufs Klo geht und sich hinsetzt, [...]. Dafür haben wir einen Übungsplan mit Ankreuzen und ein Belohnungssystem entwickelt. [...] Er hat das Üben dann sehr, sehr korrekt und ernsthaft auch durchgemacht – umso länger er dann [... geübt hat, Anm. d. A.], desto öfter ist es ihm dann einfach passiert dann Stuhlgang zu haben [...] und der Körper stellte sich drauf ein und das war ganz erstaunlich, weil nach zwei Monaten das Einkoten tagsüber fast verschwunden war. [...] Erstaunlich war, dass das trotz seiner doch sehr eingeschränkten Kommunikationsmittel und seinem manchmal doch schwierigem Verständnis der Realitäten es ihm gelungen ist, so einzelne Elemente von ‚Ich schaffs!' so für sich zu verinnerlichen, dass er die auch konsequent umgesetzt hat [...]“. I10

An den Beispielen wird deutlich, dass es nicht nur die kleinen Ziele sind, die durch das Programm erreichbar sind. Bleiben Trainer, Helfer und besonders das Kind motiviert daran, an einem Ziel zu arbeiten, lassen sich auch große Ziele erreichen. Bei letzteren Erlebnissen wird deutlich, dass diese Kinder einen ganz klaren Veränderungswunsch haben und sehr motiviert sind, daran zu arbeiten. Dennoch zeigen die unterschiedlichen Voraussetzungen, die Kinder oder Jugendliche mitbringen auch hier wieder, dass das individuell angepasste Arbeiten mit den Kindern und Jugendlichen und ihrer Situation viel bewirkt. Die kindliche Selbstbestimmung wird gefördert, sie fühlen sich ernst genommen und kommen mit ihren Ressourcen in Kontakt. Generell gesprochen verdeutlichen diese sehr unterschiedlichen Highlights und Ziele, wie weit gefächert „Ich schaffs!" erfolgreich genutzt wird – seien es alltägliche und kleine Probleme oder tiefgreifende physiologische Schwierigkeiten. In beiden Fällen konnten die Kinder und Jugendlichen es meistern, durch „Ich schaffs!" ihr Problem in eine Fähigkeit zu verwandeln.

4.2 Bedingungen für die positive Wirkungsweise von „Ich schaffs!" in der Praxis

Die Aussagen der Expert/-innen über die Art und Weise, wie eine positive Wirkungsweise durch das Programm „Ich schaffs!" entsteht, beruhen vor allem auf den selbst gemachten Praxiserfahrungen, so dass auch hier ähnlich wie bei den o.g. Highlights unterschiedliche Ausprägungen erkennbar sind. Dennoch zeigen sich die im Folgenden erläuterten Trends der positiven Wirkungsweisen durch Mehrfachnennungen als besonders relevant.

Besonders häufig mit acht Nennungen wird das *positive Umdeuten* als der wichtigste positive Wirkfaktor genannt, d.h. die Suche nach Zielen anstelle von problembehafteten Ursachen steht für die Expert/-innen an vorderster Stelle. Die Potenziale des Kindes werden ausgeschöpft, weil der Fokus auf den Fähigkeiten liegt.

> *„[...] Ich finde es gut, dass es sehr, sehr positiv ist, ganz oft wird [in der Praxis, d. A.] auf die negativen Sachen geachtet. ‚Du hast das und das Problem und das muss man angehen'. Und jetzt wird auf einmal auf die Fähigkeiten geschaut, die zu erlernen sind. Also es wird so positiv umgedeutet und das ist auch etwas sehr Gutes und man merkt, dass man damit viel besser arbeiten kann als mit dem negativen Problem." I1*

Dieser Experte macht hierbei deutlich, dass es erleichtert wird, mit Kindern oder Jugendlichen zu arbeiten, wenn der Blick auf die *Fähigkeiten* gelenkt wird. Das Resultat daraus ist, dass die Kinder nicht mehr vom negativ besetzten Problem in ihren Handlungsmöglichkeiten eingeschränkt werden, sondern stattdessen die positive Herausforderung annehmen können, etwas zu erlernen.

Daran schließt sich ein weiterer wichtiger Punkt an, den die Expert/-innen mit sechs Nennungen als sehr wichtig bewerten. Das bei „Ich schaffs!" installierte Helfersystem, die Rückmeldungen und die positive Zuwendung, die die Kinder/Jugendliche erhalten, zeigt sich als ein besonders relevanter positiver Wirkfaktor. Es ist die Kontinuität und die wohlwollende, wertschätzende Art, die hier besonders hervorgehoben wird. Den Kindern wird so kontinuierlich ins Gedächtnis gerufen, die neue Fähigkeit im Blick zu behalten, ohne dass sie bei Rückfällen direkt ermahnt werden. So bleibt der Fokus auf der Fähigkeit, das Kind ist motiviert und bleibt zielorientiert.

> *„Es liegt zum einen daran, dass das Kind selbst etwas ändern möchte, es möchte selbst an seinen Fähigkeiten arbeiten [...], vorher möchten alle außenherum etwas verändern und bei ‚Ich schaffs!' möchte auf einmal das Kind etwas verändern [...]. Und dann finde ich das Helfersystem total gut, dass sich das Kind Helfer aussuchen kann und dadurch einfach oft daran erinnert wird [...], dann sind die Helfer immer präsent und sagen das auch auf eine recht wohlwollende Art und nicht auf so eine ermahnende Art [...]. Das unterstützt das Kind wesentlich mehr, als wenn man irgendwann in einem Gespräch mal besprochen hat, was es lernen möchte und dann gerät es in Vergessenheit [...] Also man bleibt viel beständiger dann dran und das wirkt sich sehr zum Positiven aus." 11*

Diese Aussage macht zudem deutlich, dass der Aspekt der Selbstbestimmung des Kindes besonders wichtig ist. Das Kind möchte selbst etwas verändern, hat somit einen hohen Mitgestaltungsgrad an der zu erlernenden Fähigkeit und bestimmt mit, wie dieses Lernen vonstatten geht. Die Relevanz dieses Punktes zeigt sich durch vier explizite Nennungen. Das folgende Statement einer Expertin untermauert dies zusätzlich:

> *„Ich habe so den Eindruck, dass es ganz wichtig ist, dass das Kind sich selbst ein Ziel aussucht. [...] Also dass sie [die Kinder, d.A.] auch einen hohen Leidensdruck haben oder auch selbst eine Einsicht haben, dass ein Verhalten problematisch ist und selbst entscheiden, daran möchte ich arbeiten, oder das möchte ich verändern'. Also dass man [...] dem Kind nichts vorgibt, und sagt ‚Du das finde ich nicht gut' oder ‚Das stört mich [...]', sondern, dass das Kind selbst entscheidet, an welcher Verhaltensweise es arbeiten möchte." 12*

Zusammenfassend komme ich zu dem Schluss, dass die Aspekte der kindlichen Selbstbestimmung, der Unterstützung durch ein Helfersystem und das Umdeuten von Problemen in Fähigkeiten eng miteinander verknüpft sind und alle dazu beitragen, dass das Kind mit seinen Ressourcen in Kontakt kommen kann. Der Aspekt der Selbstbestimmung ist hierbei nicht zu vernachlässigen, denn er ist eine hohe Motivationsquelle. Möchte man dem Kind seinen eigenen Wunsch nach Veränderung aufzwingen, stehen die Chancen schlecht, das Training erfolgreich abzuschließen. Hier ist bei manchen Kindern viel Geduld und Kreativität nötig, damit es selbst erkennt, welches Verhalten problematisch ist und durch welche Fähigkeiten es selbst wieder handlungsfähiger wird. Anderen Kindern ist jedoch sehr wohl bewusst, dass sie etwas ändern möchten, sie schaffen dies jedoch alleine nicht. Hier setzt „Ich schaffs!" an und bietet mit den 15 Schritten eine Struktur inklusive dem nötigen Helfersystem, das das Kind benötigt, um die Fähigkeit zu lernen.

In allen 15 Schritten des Programms sind strukturelle Aspekte der ressourcenorientierten Grundhaltung manifestiert, so dass die Expert/ -innen das Programm bei fachgerechter Reflexion unabhängig von der Vollzähligkeit der Schritte anwenden.

Bestätigt wird dies durch einen weiteren sehr wichtigen Wirkfaktor, der mit fünf Nennungen ins Gewicht fällt: *Das individuelle Anwenden der Schritte.* Die Expert/-innen halten es für sinnvoll und sogar für wichtig, genau hinzuschauen, welche Schritte nötig, welche motivierend und welche unpassend oder unnötig sind, damit das Programm auf das Kind, seine Motivation und Hintergründe individuell abgestimmt wird.

Gleichzeitig spielt der Faktor Zeit offensichtlich nicht nur bei den ‚externen' Coachs eine Rolle, sondern auch bei den Tagesgruppen-Mitarbeitern. So stellt eine Expertin aus einer Tagesgruppe dar, dass sie dort auch mit weniger Zeit das Programm erfolgreich durchführen. Die Mitarbeiter aus der Tagesgruppe achten zum Beispiel genau darauf, welche Schritte sie überspringen können, damit das Programm dennoch erfolgreich absolviert wird.

„Ich sehe ‚Ich schaffs' als ein gutes Rahmenprogramm, das aber wirklich sehr individuell angewandt werden muss. [...] Es steht und fällt mit kreativen Methoden, die man damit so einbezieht und es steht und fällt auch mit dem System, wie man das mit einbeziehen kann." 15

„Ich finde das Programm sehr differenziert und diese 15 Schritte, das ist schon sehr viel auch, und ich finde, das kann man auch reduzieren, wobei das würde ich jetzt nicht verallgemeinern, dass das zu breit ist, das kommt immer auch auf die Zielgruppe an. Es gibt sicherlich auch Kinder, denen es gefällt, eine Kraftfigur oder ein Motto sich auszusuchen. Also das machen wir hier nicht immer, das wollen die Kinder auch nicht immer, manche sind halt auch schon Richtung jugendliches Alter und da braucht es das nicht mehr unbedingt.[...] Also das merke ich jetzt einfach hier so im Umgang mit dem Training in der Tagesgruppe, dass wir da nicht immer alle 15 Schritte durchgehen, das erfordert ja auch wiederum viel Zeit, die wir oft nicht haben [...] Aber das ist trotzdem auch erfolgreich." 12

Es wird deutlich, dass es besonders die lösungs- und ressourcenorientierten Aspekte sind, die für die Expert/-innen im Vordergrund stehen. Das Programm muss kreativ und individuell angewandt werden, so dass es für das Kind passend ist. So findet das Kind eine Fähigkeit, die es lernen möchte. Es installiert Helfer und kommt mit seinen Ressourcen in Kontakt. Bei manchen Kindern bedeutet dies, dass sie alle 15 Schritte durchlaufen, bei anderen Kindern nicht. Ein gutes Beispiel ist der Junge mit dem Asperger-Syndrom: Hier legte das Kind mit Hilfe des Experten den Fokus klar auf den Schritt des Übens, da dies am besten seinen Fähigkeiten und seiner Motivationsquelle entspricht. Andere Kinder benötigen besonders ein stimmiges Helfersystem (z.B. Freunde oder Familie), die klare Struktur der Schritte, eine Kraftfigur oder freuen sich besonders auf das wertschätzende Fest zum Abschluss.

Es lassen sich zudem weitere Punkte finden, die als zusätzliche wichtige Wirkfaktoren genannt wurden. Diese sind jedoch nur von einzelnen Interviewpartnern beschrieben worden. Darunter fallen Aspekte wie Kontinuität, Geduld, viel Zeit bei schwierigen Fällen und kreatives Arbeiten mit Leichtigkeit und Spaß, trotz der bestehenden Ersthaftigkeit, mit der an der neuen Fähigkeit gearbeitet wird.

Besonders die Punkte Geduld und Kontinuität setzen voraus, dass der oder die „Ich schaffs!"-Trainer/in entweder über einen längeren Zeitraum mit dem Kind oder Jugendlichen arbeiten kann oder aber das Umfeld sich stark in das Programm involviert sowie dass die Kinder über einen längeren Zeitraum begleitet werden und somit so lange wie nötig Hilfe zur Selbsthilfe erhalten. Hier haben die Trainer, die z.B. in Tagesgruppen arbeiten und die Kinder über einen langen Zeitraum quasi täglich sehen, einen klaren Vorteil gegenüber denen, die nur für einige Gespräche im Praxiskontext mit den Kindern arbeiten (können). Diese unterschiedlichen Rahmenbedingungen verändern entsprechend die Möglichkeiten und auch die erlebten positiven Wirkfaktoren für die Arbeit mit „Ich schaffs!", so dass sie dann auf Grund ihrer Voraussetzungen einen unterschiedlich hohen Stellenwert erhalten.

Bei den Aussagen aller Expert/-innen wird jedoch deutlich, dass der Fokus auf dem lösungs- und ressourcenorientierten Arbeiten eine entscheidende Rolle bei der positiven Wirkungsweise des Programms spielt. Die Rahmenbedingungen, wie der zeitliche Umfang aber auch die generellen Arbeitsmöglichkeiten verändern entsprechend nur die individuellen Möglichkeiten innerhalb der o.g. positiv bewerteten ressourcenorientierten Wirkfaktoren.

4.3 Vorteile von „Ich schaffs!": Lösungsorientierte Grundhaltung vermitteln – Fähigkeiten erlernen statt an Problemen leiden – Selbstbestimmung fördern

Während die abgefragten „Highlights" sich an konkreten, positiven Einzelfällen orientieren und die Bedingungen für die positive Wirkungsweise Trends unter den positiven Praxiserfahrungen darstellen, analysiere ich bei den Vorteilen des Programms verstärkt die allgemeineren, teils auch abstrakteren Aussagen der Experten über die Alltagstauglichkeit von „Ich schaffs!".

Drei Expert/-innen stellten fest, dass besonders das praxis- und handlungsorientierte Programm und der damit verbundene praktikable Rahmen sowie die dahinterstehende Haltung, die sich gut verinnerlichen lässt, ein sehr großer Vorteil bei der Anwendung Programms ist.

„Ich merke [...], dass dieses Programm sehr gut die lösungsorientier-
te Haltung fördert und damit ja praktisch meine Haltung zum
Kind/Jugendlichen einfach verändert. Also so die Art und Weise,
wie ich den Jugendlichen betrachte, wie ich mich ihm gegenüber
positioniere, die ist einfach anders, die ist zugewandter, aber die ist
auch ressourcenorientiert, die ist zukunftsorientiert, die ist positiv,
wertschätzend und das ist einfach eine tolle Veränderung gewesen.
[...] Das passt auch in Situationen, wo ich früher gedacht habe ‚Oh
mein Gott, wie soll ich da durch, wie wird das jetzt'. [...] Es ist ein-
fach möglich, handlungsfähig zu bleiben.[...] [Bei „Ich schaffs!", d. A.]
muss man nicht groß über diese Haltung nachdenken, sondern man
kann sie über das Tun [...] sich eigentlich ganz gut aneignen und die
Konsequenz ist, dass ich glaube, an irgendeinem Punkt ist es gar
nicht mehr notwendig, die Schritte so auseinander zu differenzieren
[...] sondern die Grundbotschaft hat man im Kopf." 17

Ein weiterer Trend, der sich hier zeigt, bezieht sich ähnlich wie im vor-
herigen Abschnitt auf den Selbstbestimmungsaspekt und das Selbst-
wirksamkeitserleben der Kinder. Dadurch kann die von „Ich schaffs!"
gebotene Hilfe zur Selbsthilfe besonders bei kleineren Zielen und Kindern ohne psycho-somatische/physiologische Störungen schnell viel erreichen. Gleichwohl bestätigt dies die beindruckenden Erfolgsbeispiele
einiger Expert/-innen: Bei größeren Zielen erlebten sie ein erfolgreiches
Erlernen einer neuen Fähigkeit, indem sie viel Geduld für die Erarbei-
tung der neuen Fähigkeit aufbrachten.

„Eine Sache, wo ich „Ich schaffs!" wirklich gerne einsetze, sind ganz
alltägliche Erziehungs- und Lernprobleme von Kindern zuhause,
wo aus nicht gelernten Situationen oder nicht gut bearbeiteten Situ-
ationen immer wieder Schwierigkeiten und Konflikte entstehen, wie
z.B. das Jacke aufhängen, das Zimmer aufräumen, das Zähne put-
zen, oder morgens schnell anziehen, damit man rechtzeitig zum
Schulbus kommt und solche Sachen, dass diese kleinen Sachen re-
lativ schnell mit „Ich schaffs!" in den Griff zu kriegen sind, sich sehr
schnell positive Effekte einstellen in der Familie und auch die „Ich
schaffs!" Prozesse keine langen Prozesse sind, maximal 3 Monate,
dann ist wirklich die Fähigkeit definitiv da. [...] Für die schwierige-

ren Sachen ist es schon so, dass ich längere Prozesse hatte.[...] Dann dauert es länger[...] aber es ist auch machbar, weil „Ich schaffs!" für eine Kontinuität sorgt, immer wieder ein Anknüpfungspunkt ist, für diese Gespräche oder auch für die Kontakte mit den Eltern, so dass „Ich schaffs!" auch ein guter Leitfaden ist für die Eltern." I10

Dabei bleibt es jedoch wichtig, dass das Kind den Nutzen sieht, einen Veränderungswunsch hat, und die Methode zudem auch zum Klienten passt; schließlich muss sich das Kind auch auf die Methode einlassen und anerkennen und/oder das Bedürfnis haben, etwas zu ändern. Will ein Kind überhaupt nichts verändern, ist dieses Programm eher ungeeignet. Die vielen positiven Erfahrungen der Expert/-innen deuten jedoch darauf hin, dass die Kinder in der Regel einen Veränderungswunsch haben, wenn sie ein „problematisches" Verhalten zeigen und die Hilfe durch das Programm gerne annehmen, um eine Fähigkeit aus dem Problem zu generieren. Springen die Kinder nicht sofort darauf an, deutet dies häufig darauf hin, dass das Kind eventuell noch nicht die richtige Fähigkeit gefunden hat und nicht, dass das Kind keine Lust hat, etwas zu ändern. Dies zeigt sich auch im zweiten Beispiel der besonders beeindruckenden Ereignisse mit „Ich schaffs!".

4.4 Mögliche und sinnvolle Erweiterungen der Anwendung von „Ich schaffs!"

Auf Grund ihrer langjährigen Erfahrung mit „Ich schaffs!" habe ich unsere Expert/-innen auch nach ihren Ideen für eine mögliche Erweiterung des Programms gefragt. Es zeigen sich hierbei vielfältige Impulse, wobei die Expert/-innen in vier Nennungen eine Anwendung mit einer veränderten Zielgruppe vorschlagen. Darunter fällt die Idee, „Ich schaffs!" könne sicherlich auch gut bei Erwachsenen eingesetzt werden, da die dahinterstehende Haltung nicht nur auf Kinder, sondern auch auf Erwachsene motivierend wirke.

„Ich denke, natürlich gibt es viele Möglichkeiten, das auch mit Erwachsenen einzusetzen [...], also ich denke, man kann das auch in der therapeutischen Arbeit mit Erwachsenen sicher einsetzen und man kann das natürlich auch bei sich selber einsetzen, indem man

bestimmte Strategien für sich entdeckt, oder ich finde z.B. schön,
diese positive Sicht auf das, was erreicht worden ist, oder auf das,
was sich verändert hat. Das ist ja überhaupt in der ganzen systemi-
schen Arbeit so, oder im ganzen lösungsorientierten Arbeiten so,
dass es darum geht zu schauen, was klappt denn schon gut, wo sind
denn die Stärken, wo sind denn die Quellen, die Kraftquellen.“ I9

Hinzu kommen noch spezifischere Ideen für die Arbeit mit Erwachsenen, so wird auch insbesondere die Arbeit mit Eltern von Kindern, die
ein „Ich schaffs!“-Programm absolvieren, beleuchtet.

„Wenn man es mit Eltern umsetzen will, was wir schon versucht
haben, wenn wir die Kinder nicht in der Gruppe betreuen, sondern
im Grunde die Eltern betreuen, dass die es mit umsetzen, das ist
schwierig. Also da merke ich so, da müsste man es dann vielleicht
nochmal verändern, dass die Eltern die Anweisungen anders verste-
hen können. [...] Man könnte zuhause sicher auch mehr erreichen,
wenn es die Eltern mit umsetzen würden. Dann hätten [auch die
Eltern , d. A.] etwas gelernt. Wenn die [Eltern, d. A.] sagen, wir ma-
chen das mit unserem Kind, dieses Programm, dann müssen sie ja
bestimmte Dinge einhalten[...], damit das funktioniert, dann hätten
die [Eltern, d. A.] auch einen Lerneffekt.“ I3

Dieser Interviewauszug zeigt – wie bereits erwähnt –, dass es auch hier
wichtig ist, im Auge zu behalten, welcher berufliche Hintergrund zu
dieser Aussage geführt hat. Es handelt sich hier um Kinder, die über of-
fizielle Wege eine Tagesbetreuung besuchen, weil es im heimischen
Umfeld Schwierigkeiten gibt oder gab, so dass hier die eventuell vorhandene Skepsis, Ängste oder mangelnde Unterstützung auf Grund von
Unwissenheit und/oder geringer kognitiver Fähigkeiten seitens der Eltern durchaus Hindernisse bei der Arbeit darstellen können.
Vergleicht man dazu Aussagen der Coachs, die in einer eigenen Praxis arbeiten, in welche meist nur Eltern mit Kindern aus eigener Motivation kommen (da diese Selbstzahler sind), zeigt sich, dass, die Arbeit für
den Coach reizvoller und effektiver ist, wenn Eltern die neue Perspektive
verstehen. Dies lässt sich sicherlich zum Teil dadurch erklären, dass Eltern (und Kinder), die aus eigener Motivation zu einem Coach kommen,

in der Regel offener sind Lösungen für Probleme zu erarbeiten bzw. ihre Kinder dabei aktiv unterstützen. Diesen Klienten sind die Bedarfe nach Veränderung oft bewusst, sie benötigen jedoch Unterstützung bei der Umsetzung.

> *„Was mich immer am Anfang eines „Ich schaffs!"-Programms sehr reizt, ist den Eltern auch vorzustellen, was die Veränderung ausmacht, wenn man Probleme in Fähigkeiten verwandelt und wir dann im ganzen Prozess eigentlich nicht mehr über das Problem reden, sondern nur über die Fähigkeit."* I10

Mit drei Nennungen erläutern die Expert/-innen auch die Gruppenarbeit als eine wichtige Erweiterung, die auf Grund der so entstehenden Gruppendynamiken für „Ich schaffs!"-Teilnehmer eine stark motivierende Quelle sein kann.

> *„Dass man [„Ich schaffs!"] in Gruppengesprächen, [...] im Gruppenkontext einbaut. [...] Ich denke, die Gruppendynamik spielt da noch eine große Rolle, dass die Kinder das dann auch gegenseitig stärker im Blick haben oder unterstützen können. Also das denke ich, wäre noch der Vorteil, wenn man das im Gruppenkontext anwendet. [...] So dass die, in dem Fall Jugendliche, sich da auch gegenseitig unterstützen können, Rückmeldung geben über Erfolge oder aber auch bei Misserfolgen sich motivieren können."* I4

Darin spiegelt sich auch das bei „Ich schaffs!" konzipierte Helfersystem sehr deutlich wider. Die Bedeutung und das positive Wirken des Helfersystems sind daher auch hier noch einmal hervorzuheben. Zudem motiviert es besonders Jugendliche, wenn sie durch ihre Peergroup Unterstützung erhalten. Es ist also gut vorstellbar, dass sich so auch Jugendliche, die gegenüber Erwachsenen skeptischer oder zurückhaltender reagieren, verstärkt auf ein „Ich schaffs!"-Training einlassen.

Ein sehr stark vertretener Trend mit insgesamt elf Nennungen spiegelt Ideen wider, die sich darauf beziehen, „Ich schaffs!" und die dahinterstehende Haltung zu verinnerlichen und sogar bereits in der Ausbildung oder dem Studium zu verankern und verbreiten. Eine konkrete Idee ist es, dass komplette Einrichtungen mit „Ich schaffs!" arbeiten sollten und sich so gegenseitig helfen, wodurch die Haltung entsprechend selbstverständlicher wird. Den vermehrten Einsatz in Schulen nennt ein Experte dabei als einen wichtiger Punkt, auch wenn er die Anwendung von „Ich schaffs!" im Kontext Schule als nicht unbedingt einfach darstellt.

> „Also das, was mir einfällt, ist, [...] dass es gut wäre, das [Programm] in Ausbildungen oder Studiengängen zu verankern, also damit früher anzusetzen. Ich denke, dass es ganz gut wäre, wenn es z.B. in Erzieher/-innen-Ausbildungen, oder Lehramtsstudiengängen oder sozialpädagogischen Studiengängen [integriert würde, d. A.]. Also wenn sozusagen an der Wurzel schon damit begonnen wird, das als eine Methode so zu verankern. Denn ich finde es immer so schade, wenn Lehrer und Erzieher und Sozialpädagogen so auf den Weg geschickt werden und dann oftmals einfach so hilflos sind, und es gibt aber etwas, womit sie sich schon rahmen können. [...] Also ich finde überhaupt, das geht für mich ja auch nicht nur um „Ich schaffs!", sondern um das lösungsorientierte Arbeiten, dieses ressourcenorientierte, lösungsorientierte, systemische Denken, dafür ist „Ich schaffs!" einfach ein Rahmen, wie es umgesetzt werden kann."
> I5

Hier wird deutlich, dass diese Expertin eine breitere Verankerung des Programms und der dahinterstehenden Haltung in Ausbildungen für besonders wertvoll hält, da es so auch in den entsprechenden Berufsfeldern verstärkt eingesetzt werden kann. Gleichzeitig gibt es so den Ausbildungen und Studiengängen einen praktischen Leitfaden mehr an die Hand, der es den Berufstätigen (von Anfang an) erlaubt, handlungsfähig zu bleiben. Zudem unterstützt das lösungs- und ressourcenorientierte Denken und Handeln Kinder und Jugendliche, sich selbst zu helfen und zu stärken.

Besonders im Kontext Schule scheint es jedoch so, dass, die für „Ich schaffs!" benötigte Haltung und Zeit, oftmals mit den Strukturen der Institution nicht zusammen passen (wollen?), obwohl das Programm gerade in diesem Kontext sehr fruchtbar sein könnte und besonders Lehrern es erlauben würde, eine größere Handlungsfähigkeit zu erlangen.

„Der Kontext Schule, von dem ich einfach glaube, dass er etwas ist, wo es sehr gut funktionieren kann, gleichwohl weiß ich, wie schwierig das einfach ist, weil Schule als System ganz anders funktioniert, bisher, ja und da habe ich noch keine Lösung, aber ich kann es mir wirklich sehr, sehr gut vorstellen, vor allem im Bereich der Grundschulen. [...] Da sehe ich eine große Möglichkeit, aber auch eine große Herausforderung. Zweitens finde ich, dass es auch immer hilfreich ist, wenn verschiedene Leute zusammen sitzen, die das Programm alle kennen und nicht jemand versucht, als Einzelkämpfer das durchzuboxen. [...] Für die Leute, die mit dem Programm, der Haltung arbeiten wollen, ist es einfach hilfreich, wenn sie die Möglichkeit haben, sich auszutauschen, sich kollegial beraten zu lassen, Fallarbeit zu machen. [...] Die Erfahrung ist auch, dass das äußerst positive Erfolge hat. [...] Vielleicht kann man das auch kombinieren, also zu versuchen, Gruppen von Lehrern in Grundschulen zu gewinnen, sich mit diesem Programm auseinanderzusetzen." 17

Dieser Experte bringt hier eine Idee vor, die sich auch für Schulen bewähren könnte. Vertritt ein gesamtes Kollegium die Grundhaltung von „Ich schaffs!" und arbeitet es gemeinsam damit, könnte es auch in der Schule viele Gelegenheiten geben, das Programm in den Schulalltag zu integrieren, beispielsweise im Projektunterricht oder in speziell ausgerichteten Unterrichtsstunden zur Förderung der Sozialkompetenzen.

4.5 Wann ist die Arbeit mit „Ich schaffs!" ideal und wo sollte sie um was ergänzt werden?

Bei der Frage nach den erträumten „Idealzuständen" der Befragten mit dem Programm nannten sie sehr unterschiedliche Aspekte in Bezug auf ihre individuelle Arbeit mit „Ich schaffs!": Es bildet sich kein eindeutiger Trend bei der Beantwortung der Frage heraus, sondern die Expert/-innen bringen ganz unterschiedliche, individuelle Ideen vor. So nennen sie unter anderem Bestrebungen, Nachteile, die sich auf ihre Rahmenbedingungen zurückführen lassen, bei der Arbeit mit „Ich schaffs!" auszugleichen. Aber auch die Grundhaltung der Anwender/-innen, die Interessen des Klienten und das positive Lösungsklima sind Objekte von „Idealzuständen".

Zwei Experten sähen in der *Verankerung des Programms in der Elternarbeit* einen Idealzustand, da diese einen großen Bestandteil ihrer Arbeit ausmacht.

Zwei weitere Experten benennen *Nachhaltigkeit* als einen Idealzustand. Sie machen dabei deutlich, dass sie die Arbeit mit „Ich schaffs!" besonders dann als ideal erachten, wenn die erlernte Fähigkeit auch nachhaltig ist und das Kind oder der Jugendliche sie nicht kurze Zeit, nachdem er oder sie das Programm durchlaufen hat wieder verlernt.

Diese zwei Beispiele weisen auf unterschiedliche Rahmenbedingungen der Expert/-innen hin. Während die Expert/-innen, die sich eine intensivere Elternarbeit mit dem Programm wünschen, in einer Tagesgruppe arbeiten und die Kinder über einen langen Zeitraum intensiv betreuen, stammt die Idee der Nachhaltigkeit als Idealzustand von Expert/-innen, die mit Kindern zum Beispiel im Praxiskontext arbeiten und diese daher nur über einen begrenzten zeitlichen Raum begleiten. So ergibt es sich auf Grund der unterschiedlichen Rahmenbedingungen, dass die Experten unterschiedliche Visionen eines Idealzustands entwickeln.

Gemeinsam scheint meiner Ansicht nach diesen Ideen jedoch zu sein, dass eine intensivere, hilfreichere und nachhaltigere Arbeit auch auf *das Umfeld* angewiesen ist. Wird „Ich schaffs!" in der Elternarbeit verankert, intensiviert das die Möglichkeiten, dass das Kind auch außerhalb der Tagesgruppe die Wertschätzung, kindliche Selbstbestimmung und veränderte Perspektive erfährt. Es nimmt die lösungsorientierte Haltung dann nicht mehr nur in einem bestimmten Kontext wahr, mithin kann diese Haltung noch selbstverständlicher werden. Gleichzeitig fördert die Elternarbeit mit dem Programm das Verständnis gegenüber der Arbeitsweise im Tagesgruppenkontext. Setzen sich auch die Eltern intensiv mit „Ich schaffs!" auseinander und verstehen das Programm tiefgreifender, sind sie in der Lage, ihre Kinder auch außerhalb der Tagesgruppe, der Schule, dem Kindergarten oder gar der Praxis zu unterstützen und zu motivieren, damit sie ihre neue Fähigkeit weiter üben oder nachhaltig erhalten.

Im Zusammenhang wird also deutlich, dass Nachhaltigkeit und Elternarbeit zwar von Expert/-innen aus unterschiedlichen Berufsfeldern genannt wurden, diese Idealzustände jedoch nicht als gegensätzlich oder unabhängig voneinander betrachtet werden müssen.

Eine ganz andere Idee formuliert eine weitere Expertin. Sie erläutert, dass insbesondere die *dahinterstehende Haltung* einen Idealzustand hervorbringen kann, da so mehr Kinder von diesem Perspektivwechsel profitieren und auch die Trainer, Erzieher, Lehrer oder Sozialpädagogen ein ganzes Stück mehr Leichtigkeit gewinnen, handlungsfähig bleiben und auch eine positive Sichtweise behalten können.

> *„Für mich wäre ein Idealzustand schon mal diese Haltung. [...] Eine Kollegin kam gerade von einer Tagung, hat dieses Wort „Klima des Gelingens" geprägt und ich finde, das passt auch zu „Ich schaffs!" ganz gut. Wenn man die Haltung einfach lebt, das wäre für mich ein Idealzustand."* 16

Auch dieser Gedanke der Expertin lässt sich weiterspinnen und letztlich auch auf das Umfeld übertragen. Gelänge es, den Eltern diese Haltung zu vermitteln, wären die vorab genannten Idealzustände schließlich einfach umzusetzen.

Weiterhin nennen einzelne Expert/-innen weitere individuelle Ideen als Idealzustände: Die Umsetzung einer sprachlichen, kultursensiblen Anpassung des Programms für Jugendliche, die Berücksichtigung des Programms für die Hilfepläne der Jugendämter, die Kombination von „Ich schaffs!" mit anderen Ansätzen (z.B. der Erlebnispädagogik) oder die Entstehung eines Selbstwirksamkeitserlebens bei Kindern.

Zu den individuellen Vorstellungen eines Idealzustandes gehört auch das folgende Beispiel. Dieser Experte verdeutlicht, wie wichtig es ist zu schauen, welche Möglichkeiten ein Klient mitbringt. Ein Idealzustand hängt für diesen Experten sehr stark davon ab, wie die individuelle Situation vor dem Erlernen einer neuen Fähigkeit war, und wie sich der Prozess dementsprechend entwickelt.

> *„Als Prozess wäre ein Idealzustand, wenn eine zerstrittene Familie käme und eine Einigung auf Elternebene passieren könnte, dass sich die Eltern darauf einlassen, gemeinsam Coaches für das Kind zu sein, und dann dieser Prozess beginnt, drei-, vier-, fünfmal auch in der Praxis klassisch durchgeführt wird und die Fragen nach Veränderung gestellt werden, das Fest vorbereitet wird, sich auf Rückfälle vorbereitet wird [...]. Und dann nach einem viertel bis halben Jahr*

das Ergebnis so ist, dass man mit einer nächsten Fähigkeit weiterma-
chen kann, beziehungsweise, sich das Problem gelöst hat und eine
psychische Erleichterung auch stattfindet, als Wirkung so ein Durch-
atmen können, jetzt ist alles viel einfacher, viel leichter, das wäre so
ein wirklich schönes Ergebnis, also auch ein Idealzustand." I8

5. Nachteile und Nebenwirkungen von „Ich schaffs!"

Auch bei den Nachteilen und Nebenwirkungen spielen die individuellen
Rahmenbedingungen aus der Sicht der Befragten oftmals wieder eine
Rolle. Die meisten Expert/-innen verdeutlichen zudem, dass „Ich
schaffs!" kaum problematisch zu sehen ist, solange sie an das Programm
kein Universalanspruch erheben.

Die Expert/-innen erleben es als wichtig, darauf zu achten, dass Methode und Klient – unter anderem auch aus kulturellen Gründen – zusammen passen, damit das Programm entsprechende Wirkungen erzielt. Dies sehen sie nicht als problematisch an, sondern beleuchten es
unter dem Aspekt, dass Trainer immer genau darauf achten sollten, ob
die Methode zum Klienten passt. Die Expert/-innen sehen diese Methode trotz der vielen positiven Bewertungen nicht immer als universell
einsetzbar. Wie das nachfolgende Zitat auch verdeutlicht, sind es gerade
die „schwierigen" Fälle, bei denen es sein kann, dass „Ich schaffs!" als
Methode nicht ausreicht oder nicht zum Klient passt.

„Also „Ich schaffs!", wie alle anderen Methoden ist sicher etwas, was
man gucken muss, es ist nicht global einsetzbar für alle Probleme
und Schwierigkeiten, ist auch nicht ein Allheilmittel, um alle
Schwierigkeiten und Probleme oder Ängste bei Kindern zu behan-
deln oder zu lösen, sondern man muss halt individuell gucken, wo
ein Einsatz von „Ich schaffs!" halt auch Sinn macht und wo viel-
leicht auch andere Maßnahmen erforderlich sind. Und da ist „Ich
schaffs!" nur eine Methode, um Kinder zu unterstützen und ich
glaube, so sollte man es auch einordnen [...]. Von daher sehe ich es
nicht problematisch, sondern ich mache es wirklich einzelfall- und
situationsabhängig. Wie jede andere Methode, die man aus der sys-
temischen Familientherapie oder aus anderen Therapieformen
kennt. [...] [Man muss schauen, d. A.], spricht das die Kinder an,

sind sie zu motivieren, sind sie zu begeistern dafür, eine neue Fähig-
keit zu lernen, wenn das gelingt, ist „Ich schaffs!" eine gute Metho-
de.[...] Bei tieferliegenden Störungen, oder bei Traumatisierungen ist
es nicht unbedingt manchmal so angesagt. Ich hatte mal ein Mäd-
chen gehabt, das ich mit einer Angststörung behandelt habe, mit
einem unklaren Traumata, wo es gewirkt hat. [...] Dadurch, dass
sich das dann ziemlich schnell herausstellte, dass die Methode das
Richtige für das Mädchen ist und sie entschieden hat, das will ich
machen, dann war für mich klar, dann ist auch „Ich schaffs!" tref-
fend. Es hätte sich aber auch rausstellen können, dass es vielleicht
auch etwas ganz anderes braucht." 110

Dieser Experte verdeutlicht, dass er besonderen Wert darauf legt, dass
Methode und Klient zusammen passen, um bestmögliche Ergebnisse zu
erzielen, unabhängig davon, ob das Kind oder der Jugendliche ein klei-
neres Defizit, eine schwerwiegende Störung oder ein Trauma hat.

Die tatsächlich inhaltliche Kritik am Programm fällt dagegen eher
dezent aus. Es gibt kaum konkrete Kritik an den einzelnen Schritten.
Lediglich das Fest zum Abschluss wird in diesem Zusammenhang mit
drei Nennungen angesprochen. Hierbei geht es vor allem darum, dass
der oder die Trainer/-in ein Feingefühl dafür entwickeln muss, ob das
Kind tatsächlich eine Veränderung wünscht oder nur ein Training absolviert, damit es zum Abschluss eine Belohnung bekommt. Der Fokus
sollte also vorab nicht zu stark auf das Fest gelegt werden und es sollte
in den kulturellen Kontext des Klienten passen.

„Was ich ein bisschen problematisch finde, ist dieser Belohnungsas-
pekt, manchmal habe ich das Gefühl, dass Kinder sich nur etwas
ausdenken, um belohnt zu werden. Da muss man ein bisschen vor-
sichtig sein, dass die Kinder nicht dieses Training machen, nur um
belohnt zu werden. Das kann sich durchaus auch einstellen. Also es
gibt wirklich Kinder, die wirklich an etwas arbeiten wollen und
denen das auch wichtig ist diese Sache zu verändern, weil sie da
einfach drunter leiden. Es gibt aber auch Kinder, die möchten nur
ein Training machen, weil sie danach ein Fest feiern können, oder
weil sie belohnt werden, da muss man so ein bisschen aufpassen,
dass das nicht missbraucht wird. [...] Wenn man so ein Gespür hat

für Kinder, dann merkt man das auch im Gespräch mit dem Kind,
ob es wirklich an dieser Sache arbeiten will, oder ob es nur dieses
Training machen will, um ein Fest zu feiern, da entwickelt man ein
Gespür dafür." 12

Eine etwas verbreitetere Kritik betrifft die *Anwendungsmöglichkeiten* und
nicht das Programm selbst. Dies zeigt sich an Hand von acht Nennungen. Bezüglich Nachhaltigkeit und dem Umgang mit schwierigen Fällen
zeigt sich die Kritik besonders an der in diesen Fällen mangelnden Zeit
und Dauer oder Kontinuität der Arbeit mit „Ich schaffs!".

„Leider ist es manchmal so, dass es eine Zeit lang gut geht, dann
kommen Ferien, dann nach den Ferien ist wieder alles anders. Dann
kann es sein, dass das gleiche Problem nochmal auftaucht, oder dass
es na ja so la la funktioniert. [...] Da gibt es ganz unterschiedliche
Variationen, aber ich glaube, das hat auch was damit zu tun, dass
wir manchmal als Therapeuten oder als begleitende Heilpädagogen
dann die letztliche Nachhaltigkeit nicht mehr mitkriegen, weil z.B.
das Stundenkontingent ausgeschöpft ist und das Kind nicht mehr
kommt.[...] Ja, also ich denke, dass alle beteiligten Erwachsenen wei-
terhin das aufmerksam verfolgen müssen und verstärken müssen." 19

„Also ich glaube, für Kinder, die höchst hyperaktiv sind, oder die
sozial wenig Erfahrung haben, sich an Normen und Regeln kaum
halten können, wo das Elternhaus auch nicht mitwirkt, ich glaube,
da ist das Programm, muss es sicher sehr lang und intensiv gemacht
werden und es könnte auch heißen, dass „Ich schaffs!" nicht
klappt[...]. Beziehungsweise man müsste in diesen Fällen erst mal
mit dem Umfeld arbeiten." 18

Diese beiden Zitate verdeutlichen, dass die Nachhaltigkeit eher dann
erkennbar ist, wenn Kinder und Trainer längerfristig mit „Ich schaffs!"
arbeiten. Sollte die Begleitung eines „Ich schaffs!"-Trainers nur für eine
begrenzte Zeit möglich sein, ist es sehr wichtig, dass das Umfeld das
Kind oder den Jugendlichen unterstützt, damit dieser auch dran bleibt
und das Training nicht nur einen kurzzeitigen Effekt hat, sondern auch
nachhaltige Veränderungen mit sich bringt.

Eine Minderheit der Befragten mit zwei Nennungen macht deutlich, dass die Vermarktungsstrategie beziehungsweise die teuren Materialen aus der „Ich schaffs!"-Zentrale nicht unbedingt als ideal empfunden werden und zum Großteil selbst hergestellt werden könnten. Dabei haben zum Beispiel die Poster einen noch größeren Wert für die Kinder, wenn sie sie während eines „Ich schaffs!"-Durchlaufes selbst herstellen dürfen.

6.   Gesamtbewertung von „Ich schaffs!" – ein Fazit

Insgesamt lässt sich eine sehr positive Gesamtbewertung des Programms durch die Befragten konstatieren:

Die Expert/-innen stellen übereinstimmend fest, dass Kinder und Jugendliche sowohl kleine Veränderungen als auch größere Ziele mit dem Programm „Ich schaffs!" erfolgreich erreichen können. Dennoch ist der Erfolg an unterschiedliche Faktoren gebunden. Darunter fallen die *zeitliche Verfügbarkeit und Dauer* für die Arbeit mit dem Programm sowie Unterstützung durch *das Umfeld*, wie z.B. Eltern, Lehrer, andere Kinder und Trainer. Je länger und kontinuierlicher mit „Ich schaffs!" gearbeitet wird, desto weniger Schwierigkeiten nennen die Expert/-innen bezüglich der Nachhaltigkeit. Die Mitarbeit des Umfeldes wird besonders dann als wichtig erachtet, wenn der oder die „Ich schaffs!"-Trainer/-in nur punktuell oder zeitweise mit dem Kind oder Jugendlichen arbeiten kann.

Wichtig sind zudem die Motivation und der Veränderungswunsch der Kinder oder Jugendlichen selbst. Je höher beide angesiedelt sind, desto größer wird die Erfolgsquote beschrieben. Das Kind oder der Jugendliche sollte den Expert/-innen zufolge daher seine neu zu lernende Fähigkeit tatsächlich lernen wollen und den Wunsch nach Veränderung zeigen, denn so erfüllt das Programm die ressourcenorientierte Herangehensweise; das Kind/der Jugendliche sieht sich nicht eingeschränkt in seinen Handlungsmöglichkeiten, sondern erhält stattdessen neue Möglichkeiten, sich zu verhalten.

Die oben genannten Faktoren für ein erfolgreiches Gelingen von „Ich schaffs!" beziehen sich insbesondere auf die Personen, die eine Fähigkeit lernen möchten. Gleichzeitig benennen die Expert/-innen aber auch hilfreiche Tipps für die Trainer oder Personen, die mit Kindern und Jugendlichen arbeiten. Es ist die lösungs- und ressourcenorientierte Haltung, die hinter dem Programm steht, die sie immer wieder loben. Das Programm arbeitet grundlegend mit dieser Haltung und wird von den Expert/-innen als praktikabler Rahmen für das lösungs- und ressourcenorientierte Denken „gehandelt".

Die Expert/-innen stellen klar heraus, dass die Arbeit mit diesem Programm sowohl die *Handlungsfähigkeit* des Kindes, als auch die des pädagogischen Fachpersonals, der Eltern oder anderer Personen im Umfeld des Kindes vergrößert und gleichzeitig eine Leichtigkeit bringt, die Druck und Probleme verringern kann.

Dennoch ist es aus ihrer Sicht wichtig, darauf zu achten, dass Methode und Klient zusammen passen. Auch wenn „Ich schaffs!", wie die Expert/-innen verdeutlichen, viel erreichen und in sehr vielen Fällen – vom Zähneputzen bis hin zu schwierigen Störungen – gut und erfolgreich eingesetzt werden kann, gibt es Fälle, in denen es nicht zum Erfolg führt.

Manchmal muss den Expert/-innen zufolge viel Geduld aufgebracht werden, bis die richtige neue Fähigkeit für das jeweilige Kind gefunden wird. Wird das Programm nicht erfolgreich absolviert, könnte es nach Expertenmeinung also daran liegen, dass eine noch nicht ganz passende Fähigkeit ausgewählt wurde. Es wurden aber auch Fälle benannt, in denen sich das Kind nicht auf die Methode einlassen kann, da es z.B. keinen Veränderungswunsch hat. An dieser Stelle benannten Expert/-innen, die diese Situation bereits erlebt hatten, „Ich schaffs!" als nicht die richtige Methode. „Ich schaffs!" kann also keinen Universalanspruch erheben, die Resonanz der Expert/-innen spricht allerdings für den überdurchschnittlichen Erfolg des Programms.

Auch für die zukünftige Arbeit bringen die Expert/-innen Ideen ein. Sie werben vor allem für eine *stärkere Verbreitung* des Programms und der dazugehörigen Haltung, so dass das Programm verstärkt eingesetzt wird, damit mehr Kinder und Jugendliche davon profitieren können. Die Arbeit mit Gruppen und Eltern erleben mehrere Expert/-innen als einen Vorreiter für die zukünftige Arbeit mit „Ich schaffs!", wie sie bereits einige Trainer/-innen mit guten Erfolgen durchführen.

Aus meiner Sicht ergibt sich folgende Bewertung: Die Erfahrungen der Expert/-innen verdeutlichen, dass das Programm ein hohes Potenzial mitbringt und sich durch das eigene kreative Anwenden viele Möglichkeiten eröffnen. Kreativität und Geduld erleichtern Trainern das Arbeiten mit „schwierigen" Kindern oder Jugendlichen, indem sowohl der Druck vom Fachpersonal genommen, als auch die kindliche Selbstbestimmung gefördert wird. Kinder und Jugendliche erhalten durch „Ich schaffs!" die Möglichkeit, mit ihren Ressourcen in Kontakt zu kommen. Sie sehen ihren Handlungsspielraum vergrößert, da der Fokus auf einer neuen Fähigkeit liegt und nicht auf negativ behafteten Verhaltensweisen. Diese sind in ihrem Umfeld meist nicht anerkannt und belasten zugleich das Kind selbst. Die Kinder oder Jugendlichen erarbeiten sich mit „Ich schaffs!" konkret eine alternative Verhaltensweise. Da sie diese nicht vorgegeben bekommen, sondern selbst erarbeiten sowie auf Grund der damit einhergehenden Wertschätzung, die das Programm und das installierte Helfersystem mitbringen, sind die Kinder und Jugendlichen bereit, über sich hinaus zu wachsen. Die Kinder fühlen sich ernst genommen, bestätigt und ihr Selbstvertrauen wird aufgebaut.

Das individuelle Arbeiten mit dem Programm erlaubt es, verschiedenste ‚Probleme' in ‚Fähigkeiten' zu verwandeln. Auch wenn es nicht universell einsetzbar ist, veranschaulichen die Ergebnisse der Befragung doch, dass es neben kleinen alltäglichen Schwierigkeiten, wie dem „Aufräumen des Zimmers", auch bei schwerwiegenderen Defiziten wie AD(H)S erfolgreich genutzt werden kann, um mit dem Kind oder Jugendlichen eine andere Herangehensweise an bestimmte Situationen zu erarbeiten.

Die Ergebnisse belegen eindrucksvoll, dass ein systemischer, lösungs- und ressourcenorientierter Ansatz es pädagogischem Fachpersonal, Müttern und anderen Personen, die im Umgang mit Kindern oder Jugendlichen stehen, erleichtern kann, an die Bearbeitung schwieriger Situationen mutig heranzutreten. Daraus kann letztlich eine Fähigkeit entstehen, von der das Kind, aber auch sein Umfeld profitiert. „Ich schaffs!" bietet dafür einen praktikablen Rahmen, der je nach zeitlichen und strukturellen Möglichkeiten den Bedürfnissen des Klienten angepasst werden kann und keine systemische Ausbildung oder Ähnliches erfordert.

Das Programm „Ich schaffs!" hat sich im pädagogischen Alltag mehr als bewährt und verdient nicht nur nach Meinung der Expert/-innen eine weitere Verbreitung und Anerkennung. Fazit:

Die Entdeckung eigener Fähigkeiten macht Probleme lösbar.

Martine Neumann

VOM MECKERN ZUM WÜNSCHEN. ERFAHRUNGSBERICHT EINER MUTTER, DIE UNVERHOFFT DAS „ICH SCHAFFS!" ELTERNPROGRAMM KENNENLERNTE

Meine Begegnung mit dem „Ich schaffs!"-Eltern-Konzept war eher zufällig. So hatte ich Gelegenheit, während eines Praktikums bei der *Firma Bentner* an einem Elternkurs teilzunehmen. Der Elternkurs war interessant, und vor allem einzelne Aspekte des Konzepts gefielen mir sehr, so dass ich sie direkt daran anschließend an meiner Tochter ausprobieren wollte.

Ich bin Mutter einer siebenjährigen Tochter und fast ihre ganze Lebenszeit hinweg war ich alleinerziehend. Daher gab und gibt es immer einmal wieder einige klassische Probleme, die zwischen uns auftreten. Allerdings befinde ich mich derzeit auch im Masterstudium Erziehungswissenschaften, was mich so manches Mal eine Verbindung zwischen Theorie und Praxis finden lässt. Da ich nicht nur Mutter, sondern auch angehende Pädagogin bzw. Erziehungswissenschaftlerin bin, konnte ich mir die Übertragbarkeit in die Erziehungspraxis quasi in „doppeltem" Maße vorstellen. Sophia wurde also meine erste „Versuchsperson".

1. Der Elternkurs

Der Elternkurs gliederte sich in fünf Teil-Übungen, die ich nachfolgend kurz erklären möchte.
1. Übung: Triple-Lob.
   Hier werden Kinder gelobt, um eine positive Entwicklung zu fördern.
2. Übung: Anleitung für die Mecker- und Wunschhand.
   Wie kann auf unerwünschtes Verhalten reagiert werden?
3. Übung: Das Problem ansprechen.
   Kooperationen zwischen den Eltern werden angestrebt, um sie zu stärken.
4. Übung: Kritik annehmen.
   Unterstützung bei der Lösung kindlicher Probleme
5. Übung: „Ich schaffs!".

Kinder sollen lernen, Verantwortung für ihr Handeln zu übernehmen. Einige Übungen enthalten eine Hausaufgabe, so dass sie im Anschluss an die Übung direkt übertragen und ausprobiert werden konnten. Im Elternkurs wurden unter Anleitung alle Übungen durchgegangen. Auf Kleingruppen aufgeteilt haben wir uns manchmal als Eltern oder Kind ausgegeben.

In der **Triple-Lob-Übung** unterhalten sich drei Teilnehmer, wobei ein Teilnehmer eine kurze Geschichte darüber erzählt, was ihm in der letzten Zeit sehr gut gelungen ist. Die übrigen Teilnehmer reagieren mit Bewunderung, Anerkennung der Schwierigkeit und fragen danach, wie den ersten Teilnehmer, wie er das geschafft hat. Dieser gibt die Lorbeeren ab, was bedeutet, dass er eine andere Person für den Erfolg begründet. Die übrigen Teilnehmer geben dem Erzähler die Lorbeeren zurück, indem sie ihn erneut loben.

Die **zweite Übung** bestand aus zwei Handouts, auf denen jeweils eine Hand abgebildet war. Eine Anleitung für die Meckerhand, sowie eine Anleitung für die Wunschhand. Vorab wird das unerwünschte Verhalten in der Leerstelle festgehalten, um dann loslegen zu können. Der Immer-Daumen spricht in verallgemeinerter Form von „jedes Mal", „immer", „nie" etc. Der Schuld-Zeigefinger beschreibt das besagte Verhalten, um dann vom Konsequenzen-Mittelfinger eine lange Liste negativer Konsequenzen zu geben. Der Begründungs-Ringfinger findet eine eigene Erklärung für das Verhalten, mit der das Kind nicht einverstanden ist. Der kleine Taubheits-Finger findet noch einen Kommentar für das teilnahmslose Verhalten. Die Wunschhand hingegen zeigt die positive Ausformung der Meckerhand als Wunschhand. Der entscheidende Unterschied ist hier, dass weniger Aufmerksamkeit auf das unerwünschte als auf das gewünschte Verhalten gelegt wird. So fragt das Handout unmittelbar danach „Was würden Sie sich wünschen, dass Ihr Kind stattdessen tun soll?" Der Kontakt-Daumen sucht, wie es sein Name verrät, Kontakt in dem er um ein Gespräch bittet. Der Wunsch-Zeigefinger äußert das gewünschte Verhalten in Form von selbst formulieren Wünschen. Der Mittelfinger zeigt die Gründe auf, warum es für das Kind wichtig wäre, so zu handeln. Der Duschaffst-es-Ringfinger vermittelt die Botschaft, dass an das Kind geglaubt wird und der kleine Vertrags-Finger fragt nach einer gezielten Vereinbarung.

Zur zweiten Übung gehört eine Hausaufgabe, die sich mit Situationen befasst, wo ein Familienmitglied um ein bestimmtes Verhalten oder einen Gefallen gebeten wurde. Diese Person hat zwar zugestimmt, hält sich aber nicht an diese Vereinbarung. In einem Gespräch wird diese Person gebeten mitzuteilen, wie selbst besser um das Verhalten/den Gefallen gebeten werden kann. Besonders daran ist, dass man selbst die Verantwortung übernehmen soll, indem man angibt, schlecht nachgefragt bzw. darum gebeten zu haben.

Die **dritte Übung** ist für eine Vierergruppe ausgelegt und gibt zwei Ausführungen vor. Es geht um ein Problem, das alle Teilnehmer zu lösen versuchen. Variante 1: Die erste Person soll nur zuhören, während die zweite Person das Problem beschreibt. Die dritte Person begründet das Problem und die vierte gibt der ersten Person die Schuld für das Problem. Variante 2: Die erste Person soll nur zuhören, während die zweite Person das Problem nicht kommuniziert, sondern stattdessen erklärt, was sie stattdessen gerne hätte. Die dritte Person bestärkt und gibt ihre Zuversicht zu verstehen. Die vierte Person schließlich fragt die erste Person um Rat, was nach ihrer Meinung getan werden soll.

Zur dritten Übung gehört eine Hausaufgabe, mit der der Partner dafür gelobt werden soll, wie er/sie mit dem Kind umgeht bzw. wie er/sie erzieht. Dafür wird eine Karte und eventuell ein kleines Überraschungsgeschenk empfohlen.

Mit der **vierten Übung** soll das Kritikannehmen geübt werden. Dafür ist wieder eine Vierergruppe vorgesehen. Eine Person thematisiert das Problem, eine zweite Person begründet dieses und die dritte Person weist mit ihrer Schuldzuweisung auf die letzte Person. Diese soll zuhören und versuchen das Problem zu verstehen. Sie soll sich von den Schuldzuweisungen nicht provozieren lassen, sondern vielmehr herausfinden, was sie nach dieser Meinung tun soll, um abschließend eine Vereinbarung treffen zu können.

Die zugehörige Hausaufgabe widmet sich meinem persönlichen „Ich schaffs!". Hier wird ein persönlicher Fragebogen ausgefüllt. Was möchte ich lernen, wie nenne ich diese Fähigkeit und was bringt sie mir und anderen? Wer kann mich unterstützen und wie will feiern, wenn ich diese Fähigkeit gelernt habe? Wie werde ich üben und wie kann ich mich daran erinnern, für den Fall, dass ich sie mal vergesse?

Die **fünfte Übung** überträgt mein „Ich schaffs!" auf mein Kind. So werden die gleichen Fragen wie in der letzten Hausaufgabe in Bezug auf das Kind gestellt.

Für die **sechste Übung** gibt es einen ähnlichen Fragebogen. Hier wird sich jedoch auf eine Tat bezogen, die zugegeben werden soll. Vom Kind soll selbst beurteilt werden, warum es dies nicht tun darf und bei wem es sich entschuldigen soll. Wie könnte eine derartige Entschuldigung aussehen? Wie könnte es bei den Betroffenen wieder gut gemacht werden? Abschließend wird gefragt, ob das Kind weiß, wie es verhindern könnte, dass anderen Kindern ebendiese Tat nicht auch passiert.

2.   Mein erstes Ausprobieren

Wunschhand

Es begann nahezu unmittelbar nach dem Kurs, dass ich eines unserer Grundprobleme angehen wollte. Obwohl meine Tochter regelmäßige Bettgehzeiten hat, gibt es immer einmal wieder Phasen, in denen sie mehrmals und regelmäßig aufsteht, nachdem sie bereits im Bett lag. Das konnte sich bis zu zwei Stunden hinziehen, womit meine Geduld allmählich auf den Prüfstand geriet. Gutes Zureden, Bitten, Drohen oder Schimpfen brachten nichts. Ich fühlte mich in diesen Momenten oft machtlos, vor allem wenn ich dann letztlich immer öfter von meiner Tochter um einen weiteren Gutenacht-Kuss oder eine Umarmung gebeten wurde. Ich gab meistens nach und gewährte ihr noch einen Kuss oder zeigte meinen Ärger indem ich schimpfte.

Daher wollte ich dieses für mich sehr belastende Problem direkt dafür nutzen, um die Wirkung einzelner Elemente der Wunschhand auszuprobieren. Ich habe mich also zu Sophia ans Bett gesetzt und ihr gesagt, ich wünschte mir, sie würde heute Abend nicht mehr aufstehen. Argumentiert habe ich damit, dass diese Zeit meine „Elternzeit" sei und ich diese Zeit für mich nutzen wollte und sie diese ruhige Zeit gleichermaßen bräuchte, um Kraft zu tanken. Dies konnte meine Tochter einsehen. Mir fiel auf, wie sie dabei regelrecht hellhörig wurde und mir wirklich zuhörte, als ich mit der Formulierung „Ich wünsche mir..." anfing, als ob ich dadurch den richtigen Draht zu ihr bekäme. Sie war aufmerksam für mich und ist an diesem wie auch an den nachfolgenden Abenden erstaunlicherweise nicht mehr aufgestanden. Das fand ich bemerkenswert und sehr erfreulich.

Loben

Ein anderes Erfolgserlebnis hatte ich durch das Loben. Leider geht mir das Loben (wie anderen Eltern sicher auch) im Alltag manchmal verloren, was mir aber nicht immer bewusst ist. Die Bedeutung des Lobens ist mir nicht zuletzt durch den Elternkurs wie neu vor Augen geführt worden. Im Kurs sagte unser Coach, man könne auch in Form von „Tratschen" loben („Hast du schon gehört, dass Sophia mir heute Morgen ganz toll geholfen hat?"). Für uns ist das eine gute Option, denn meine Tochter kann Lob schlecht annehmen und schämt sich schnell. Daher fing ich an, sie regelmäßig „tratschend" zu loben, was zu einer Art Selbstläufer wurde, weil andere angesteckt wurden und mitgemacht haben. So lernte sie stetig mit dem Lob, das sie bekam, besser umgehen zu können, aber auch selbst mehr zu loben und die positiven Eigenschaften zu fokussieren.

Diese Erlebnisse machten mich neugierig, so dass ich mich stärker mit dem „Ich schaffs!"-Konzept befassen wollte. Neu war außerdem eine Veränderung in unserer Familienkonstellation, wo ich mich nun seit einiger Zeit in einer Partnerschaft befand und so meinen neuen Partner gezielt in bestimmte Übungen mit einbinden konnte.

Anwendung Übung 1

Zunächst begann ich mich mit den Übungen auseinanderzusetzen, die wir während des Kurses durchgeführt haben. Mir wurde bewusst, wie schwer es mir manchmal fiel, eine persönliche Erfolgsgeschichte ausfindig zu machen für die „Triple-Lob-Übung". Dabei habe ich gemerkt, dass viele Dinge des Alltags oft als lapidar abgetan werden, obwohl sie durchaus ein Lob verdient hätten. Beispiele gibt es viele: Wenn sich Sophia morgens zügig anzieht oder unserem Hund das Futter gibt. Das konnte ich sowohl auf mich, als auch auf meine Tochter übertragen. Ich habe diese Übung mit meinem Partner durchgespielt und stellte fest, dass sie einen gelungenen Anlass dafür darstellt, Dinge zu reflektieren, die im Alltag untergehen. Wir suchten gemeinsam nach kleinen Erfolgsgeschichten und fühlten uns nach dem Erhalt des gegenseitigen Lobes tatsächlich gut. Beim Ausloten einer Erfolgsgeschichte bekommt man auch selbst ein Gefühl dafür, stolz auf sich selbst zu sein. Das Loben durch eine andere Person verstärkt die Wirkung. Mit der zugehörigen Hausaufgabe wird o.g. Übung auf das Kind übertragen. Dass man sein

Kind viel öfter loben könnte, wurde mir auf der Suche nach meiner Erfolgsgeschichte bewusst. Die Anwendung fiel mir daher leicht und ich lobte meine Tochter dafür, dass sie etwas Neues dazugelernt hatte, zum Beispiel am Reck zu turnen. Sie reagierte auf mein Loben schnell und hastig, also ob sie es kaum erwarten konnte, mir zu antworten. Ich habe das Gefühl, dass sie sich dadurch ernst genommen fühlt. Die vermeintlichen Helfer wirken wie ein Bumerang: Das Lob kommt erneut und meine Tochter weiß, dass sie es geschafft hat, aller Hilfe zum Trotz. Dieser erste Schritt hat mir aufgezeigt, wie wichtig Loben ist, so dass ich stets versuche, diese Erkenntnis auch anzuwenden.

Anwendung Übung 2: Hände „to go"
Noch wichtiger wurden für mich die Mecker- und die Wunschhand. Ich habe mir einen kleine Hand „to go" gebastelt, die die Kernaussagen beinhaltet und mich so auch unterwegs daran erinnern kann, wie es für mich sein sollte und wie eben nicht. Dies war meine sofortige Assoziation mit den Händen. Da ich gelegentlich zur Meckerhand neige, war die Konfrontation mit meinem eigenen Verhalten für mich erschreckend. Wachgerüttelt hat mich neben dem „Immer-Daumen" der „Begründungsfinger". Nicht nur bei großem Stress und großem Ärger rutscht ein vorwurfsvolles „Das habe ich dir schon 1.000mal gesagt!" oder „Das sagst du immer!" über die Lippen. Mir fällt zum Beispiel das Zähneputzen ein, wo ich regelmäßig gesagt habe „Immer dasselbe Theater!".

Um sicherstellen zu können, dass der Grund meiner Tochter missfallen muss, war es unumgänglich, dass ich mich in sie hineinversetzen musste. Es machte mich traurig, denn ich konnte nun nachvollziehen, wie sie sich fühlen musste, zu Unrecht beschuldigt zu werden. Lehrreich war hier auch die Erkenntnis, dass ihr Verhalten nicht zwangsweise aus Gründen, die mit meiner Person zusammenhängen, oder absichtlich geschah, sondern aus kindlichem Bewusstsein heraus schlichtweg altersgerecht und unbedarft. Diese Einsicht unterstützte mich dabei, die Wunschhand anzuwenden und hat insofern eine nachhaltige Wirkung erzielt, als dass ich nun versuche die Sprache der Meckerhand zu vermeiden. Dadurch, dass ich das nicht erwünschte Verhalten von Sophia so äußere, dass ich mir eine Alternative dazu wünsche, gerät meine Tochter nicht – wie sonst üblich – in eine Abwehrhaltung, sondern sie erscheint mir für das erwünschte Verhalten besser zugänglich, als wenn ich mein ganzes Augenmerk auf das unerwünschte Verhalten legen würde. Sie ist aufmerksam und es kommt mir fast so vor, als würde sie mir gerne einen Wunsch erfüllen. Beispiel wäre schön

Natürlich ist die Wunschhand kein Patentrezept zum Durchsetzen eigener Wünsche der Eltern. Meine bisherige Erfahrung zeigte mir aber, dass ein Gespräch mit dem Kind auf Augenhöhe, bei dem ich die Bedeutung erwünschten Verhaltens hinreichend aufzeigen konnte, in einer wunschgemäßen und bestärkenden Sprache durchaus fruchtbar sein kann. Die daran anschließende Hausaufgabe „um Rat fragen" stellte sich zunächst als problematisch heraus, denn um solche Momente ausfindig zu machen, ist Reflexion und Zeit erforderlich. Dafür wurden mir nach einigem Nachdenken umso mehr Momente bewusst, wo ich das Gefühl hatte, mit meinen Wünschen bzw. Forderungen buchstäblich auf taube Ohren zu treffen. Ich sprach also meinen Partner auf eine Situation an, in der ich für sein Verhalten die Verantwortung übernommen hatte und siehe da, die Reaktion viel sehr positiv aus! Wir einigten uns darauf, es gemeinsam angehen zu wollen. Dadurch motiviert sprach ich mit meiner Tochter, Momente gab es schließlich genug. So verweigert sie häufig das Zähneputzen, mag morgens nicht aus dem Bett aufstehen – es ließe sich noch weiter ausführen. Wir vereinbarten für das morgendliche Aufstehen, dass ich ihr immer 10 Minuten vorher Bescheid geben sollte, damit sie sich darauf einstellen kann aufzustehen. Die Art, wie ich ihr mein Problem mit dem problematischen Verhalten darstelle, ist für sie neu und irritiert sie ein wenig. Besonders kreativ ist sie darin, bessere Fragemöglichkeiten für mich zu finden. Dann kommen schon mal Vorschläge, wie „Du sollst ‚bitte' sagen!", wobei sie vermutlich selbst merkt, dass ich an der fehlenden Umsetzung nicht schuld bin. Daher motiviert es sie, dem gewünschten Verhalten – in dem Falle morgens aufzustehen, damit ich nicht warten muss – nachzukommen. Allerdings gab es auch einen Punkt, als sie das von mir gewünschte Verhalten in Frage gestellt hat und nicht verstehen konnte, wieso das besagte Verhalten nun umgesetzt werden müsste. Im Endeffekt einigten wir uns als ich sie fragte, „Was schlägst du vor, was soll ich jetzt machen?", so dass ich auch diesen Schritt für mich positiv betrachten konnte.

Anwendung Übung 3

Schließlich traf ich auf die dritte Übung, die mich an die Mecker- und Wunschhand erinnerte. Ich konnte diese Übung jedoch nicht für mich übertragen, da sie eine Aufgabe für eine Gruppe/Plenum darstellt, die vermutlich darauf abzielt, neben dem fühlbaren Aufzeigen des Unterschieds zwischen einem destruktiven Arbeitsklima und einem Konstruktiven eine gemeinsame und stichhaltige Abmachung zu treffen. Für die Erziehung meiner Tochter sind mir die hier vermittelten Grundsätze sehr wichtig, jedoch ist diese Form der Umsetzung für mich erst seit jüngster Zeit möglich, da ich vorher ohne Partner war. Wir haben glücklicherweise ähnliche Erziehungs-Vorstellungen und haben auf diesem Gebiet ein kooperatives Verhältnis. Es ist sehr hilfreich, sich über erziehungsrelevante Themen austauschen zu können und auch von konstruktiven Verbesserungsvorschlägen des Partners zu profitieren. Für meinen Freund ist der intensive Umgang mit meiner Tochter natürlich Neuland, umso mehr hat er sich über das Lob der dritten Extrahausaufgabe gefreut. In dieser habe ich ihn schriftlich mit einer Karte für den Umgang mit Sophia gelobt. Er fragte mich daraufhin „Heißt das, du findest, dass ich das gut mache?".

Anwendung Übung 4

Sehr gut gefällt mir die vierte Übung, in der es darum geht, Kritik anzuwenden. Für diese Übung gibt es vermutlich zweierlei Spielarten. Einmal befinden sich Gesprächspartner, die sich tatsächlich mit einem real existierenden Problem einbringen, in einem Diskurs. Auf der anderen Seite sind es aber vielleicht auch fremde Personen, die sich – so erging es mir – gemeinsam mit einem „erfundenen" Problem befassen. Diese Übung empfand ich als sehr positiv und hilfreich, da ich die „fiktive" Konfrontation und Schuldzuweisung schon einmal üben und positiv erleben konnte. Aus der Elternarbeit weiß ich, dass der eigentliche Grund, nämlich das Problem, das das Kind hat, durch erhitzte Diskussionen zwischen den Eltern schnell in Vergessenheit geraten kann. Daher ist die Problemzentrierung hier besonders hilfreich, welche durch diese konstruktive Atmosphäre dabei unterstützen kann, Kritikfähigkeit zu lernen, zu üben und weiter auszubauen. Diese Übung enthält möglicherweise eine kleine Herausforderung, wenn sie fordert, dass aus Vorwürfen Handlungsstrategien abgelesen werden sollen. Z.B. Eine Schuldzuweisung könnte demnach so umgewandelt werden: „Du hilfst ihr nicht bei den Hauaufgabe, deswegen hat sie die Probleme." – „Du möchtest also, dass ich ihr bei den Hauaufgaben helfe?" Diese Gelassenheit bedingt, als Eltern über ausreichend Selbstvertrauen zu verfügen, um die kindlichen Vorwürfe nicht allzu persönlich zu nehmen, sondern konstruktiv umwandeln zu können .

Mit der zugehörigen Hausaufgabe konnte ich mit der Realisierung meines „Ich schaffs!" beginnen. Hierbei erwies sich das ausgegebene Arbeitsblatt als sehr hilfreich, da ich durch das schriftliche Festhalten das Gefühl hatte, eine verbindliche Grundlage geschaffen zu haben, aber auch weil mir die Wichtigkeit durch die Verschriftlichung einmal mehr bewusst wurde. Ich nahm mir vor, geduldiger zu werden, wobei ich vorab schon sagen muss, dass es mir bisher erst ansatzweise gelungen ist. Besonders unzufrieden war ich oft dann, wenn es Diskussionen und Quengeleien mit meiner Tochter gab. Ich hatte dann schnell das Gefühl, an meine Grenzen zu kommen. Meine Helfer waren hierbei in erster Linie weniger Personen, als vielmehr Postit-Zettel, die ich mir zur Erinnerung an verschiedenen Stellen in der Wohnung geklebt hatte. Ich wollte mich diesbezüglich von Sophia auch weniger in Diskussionen verwickeln lassen, was mir gleichzeitig dabei half, geduldiger zu werden. So hatte ich oftmals das Gefühl, dass es gar nicht erst zu einer Diskussion kommt, was mich darin bestärkte, überhaupt gar nicht erst (allzu) ungeduldig werden zu müssen. Momentan experimentiere ich mit der zweiten Hausaufgabe dieser Art: Ich versuche, etwas selbstsicherer zu werden in dem, was ich tue. Trotzdem zweifle ich nicht selten an mir und meinem Erziehungsstil, und das, obwohl mir mein Partner (und andere Außenstehende) bescheinigen, mein Erziehungsstil sei lösungsorientiert und wertschätzend und von „Ich schaffs!" „gar nicht so weit entfernt". Da ich jedoch lange Zeit alleinerziehend war, bot sich nicht oft die Möglichkeit, ein offenes und ehrliches Feedback zu bekommen, das ich auch annehmen konnte. Dennoch möchte ich es schaffen, konsequenter und standhafter in der Kindererziehung zu werden. Das ist besonders deshalb für mich wichtig, weil ich das Gefühl habe, dass meine Tochter mir gegenüber manchmal etwas respektlos ist. Es äußert sich täglich im Alltag, wenn ich etwa sage „Iß keine Schokolade vor dem Essen!" und sie das nahezu ignoriert. Also verbiete ich ihr unter Androhung einer Strafe, vor dem Essen Schokolade zu essen, und führe im Notfall diese Strafe dann eben auch konsequent durch. Neulich habe ich ihr als Strafe einen Tag „Schokoladenverbot" erteilt. Ihre Wutausbrüche habe ich ertragen, die Einladungen zur Diskussion standhaft zurückgewiesen und dabei fühlte ich mich unheimlich gut und stark – ja ich war (fast) stolz auf mich. Dieses Erfolgserlebnis bestärkt mich für die nächsten „Übungen" und Herausforderungen im Erziehungsalltag.

Übung 6: Verantwortung übernehmen
Eine nächste Gelegenheit zum Austesten des „Ich schaffs!"-Konzepts bot sich mit der Einschulung meiner Tochter. Es fällt ihr noch nicht leicht, sich auf das neue Umfeld einzustellen und so ist mir schon öfter zu Ohren gekommen, dass sie sich mit anderen Kindern streitet und neben Schimpfwörtern auch auf Handgreiflichkeiten zurückgreift. Nachdem sich das letzte Mal ein Kind von ihrer eigenen Geburtstagsfeier hat entschuldigen lassen, weil es in der Schule zu einem Streit gekommen war, wo meine Tochter als erste angefangen hatte, ihre vermeintliche Freundin zu schlagen, wollte ich dieses Problem mit der sechsten Übung „Verantwortung übernehmen" angehen. Da sie ohnehin häufig Probleme damit hat, derartige Fehler zuzugeben, haben wir den Konflikt vor meinem Freund nachgestellt. Nachdem auch ihr bewusst wurde, dass sie mit dem Schlagen angefangen hatte, erklärten wir ihr gemeinsam, dass sie andere Kinder genauso wenig körperlich angreifen dürfe wie umgekehrt. Sie schien einsichtig und so besprachen wir beim zu Bett gehen die sechste Übung. Ich schrieb unsere Abmachungen separat auf einen Zettel für sie. Wir verabredeten, dass bei erneutem Schlagen, Schubsen und dergleichen ein Tag Windelverbot eintreten würde. Da sie ihre Puppen mit Hingabe wickelt und auch gern ihr Taschengeld für Windeln verwendet, schien es uns beiden eine wirksame Strafe zu sein.

Die nächste Keilerei ließ nicht lange auf sich warten und so gab es wie vereinbart einen Tag Windelverbot. Diskussionen mit Sophia, die darauf abzielten, dass ich sie falsch verstanden hätte („Das hab ich gar nicht gesagt!"), blieben aus, was mich sehr gefreut hat. Ich rechne diesen Umstand der schriftlichen Form zu und werde diese künftig weiter nutzen. Besonders erfreulich ist für mich der Umstand, dass die Rangeleien von Sophia mit anderen Kindern in letzter Zeit an Härte und Dauer abgenommen haben. Probleme treten leider auch immer mal wieder auf, nämlich dann, wenn meine Tochter uneinsichtig ist und bei mir das

Gefühl überwiegt, ich wollte ihr Verhalten verändern. Sie versteht allerdings auch, dass ihr das Erlernen neuer Verhaltensweisen in diesem Kontext dabei behilflich sein kann, neue Freundschaften zu knüpfen und zu erhalten, was ihr sehr wichtig ist. Vermutlich sind derartige Motivationsprobleme bei Kindern nicht ungewöhnlich. Da die Rangeleien vorwiegend in der Schule stattfinden, werde ich mich diesbezüglich an die Klassenlehrerin wenden, um sie um ihre Kooperation zu bitten.

3. Fazit

Seit dem Besuch des Elternkurses habe ich häufiger mit dem „Ich schaffs!"-Konzept gearbeitet, so dass ich immer mehr einzelne Übungen und Elemente für den Erziehungsalltag mit meiner Tochter ausgetestet und manche gar beibehalten habe. Mir ist es jedoch wichtig, dass Eltern dieses Konzept am besten unter entsprechender Anleitung und Vorbereitung anwenden sollten. Denn – die Pädagogin in mir weiß: Es ist nicht immer ausschließlich das Verhalten des Kindes, das einer Veränderung bedarf. Unter Umständen stellt auffälliges Verhalten von Kindern eben nur ein Symptom dar, dessen Linderung ein neues hervorbringen kann. Eine außenstehende, eher neutrale Person kann bei der Lösungsfindung durchaus behilflich sein und so eventuell eine vorausgehende Einschätzung vornehmen, um genervte Mütter und Väter in einer individuellen Zusammenarbeit bei der Reflexion und Problemlösung tatkräftig zu unterstützen.

Ariane Bentner

WIE DIE ARBEIT MIT „ICH SCHAFFS!" DIE SELBSTHEILUNGSKRÄFTE VON KINDERN UND IHREN BETREUER/-INNEN STÄRKEN KANN. INTERDISZIPLINÄRE BEFUNDE AUS SOZIOLOGIE, NEUROBIOLOGIE, BINDUNGS- UND RESILIENZFORSCHUNG[1]

Wie die Befunde unserer beiden empirischen Studien zur Wirksamkeit von „Ich schaffs!", aber auch die Berichte aus der Praxis zeigen, zeichnet sich dieses Konzept strikt lösungsfokussierten Vorgehens u.a. dadurch aus, dass es nicht nur Auswirkungen auf das Kind oder den Jugendlichen hat, sondern sich ebenso fast immer positiv auf die Stimmung und Einstellung der anwendenden Person auszuwirken scheint. Ich möchte daher im Folgenden einigen interdisziplinären Forschungssträngen vor allem aus der soziologischen, der neueren Resilienz- und Bindungsforschung sowie der aktuellen neurobiologischen Forschung nachgehen, die helfen können, dieses spannende Phänomen zu erklären und zu verstehen.

Wie wir gesehen haben, ist das Anwendungsgebiet des Programms „Ich schaffs!" sehr breit: Es kann beispielsweise eingesetzt werden, wenn Kinder Entwicklungs- und Lernschritte selbst gehen möchten oder nachdem ihre Eltern, Lehrer, Erzieher oder Therapeuten bereits „Auffälligkeiten" im Verhalten oder in der Entwicklung festgestellt haben. Erwachsene Anwender berichten sogar von Motivationsschüben, die sie verspürt haben, nachdem sie „Ich schaffs!" einmal am eigenen Leib erprobt und angewendet haben. Eine spezielle Diagnose ist nicht erforderlich, auch wenn sich in den Experten-Interviews gezeigt hat, dass „Ich schaffs!" natürlich kein Allheilmittel für alle Probleme sein kann und in bestimmten Fällen (z.B. schwerer Traumatisierung) unbedingt mit anderen the-

---

1   Dieser Beitrag ist eine erweiterte und stark überarbeitete Fassung der Kapitel „Warum gerade lösungsfokussiert?" und „Resilienz als Schlüssel zur lösungsfokussierten Beratung" aus dem Buch: Bentner, A.; Krenzin, M (2011): Lösungsfokussiert gut beraten. Konzepte und Methoden für die psychosoziale Beratung. S. S. 12-29 und S. 30-58, Darmstadt: Surface Verlag. Wir danken dem Surface Verlag für die freundliche Genehmigung zum Nachdruck der entsprechenden Passagen.

rapeutischen Maßnahmen kombiniert werden sollte. Eine so breite Anwendungspalette ist im psychosozialen Feld ebenso ungewöhnlich wie die wertschätzende „Benutzerfreundlichkeit" der 15 Schritte von „Ich schaffs!". Theoretisch kann jeder, ob Amateur oder Profi, mit „Ich schaffs!" arbeiten. Damit steht das Programm weniger in der Tradition klinischer Manuale, als vielmehr amerikanischer Selbsthilfekonzepte, die auch von Ehrenamtlichen im Rahmen der Nachbarschaftshilfe genutzt werden können. Die Arbeit mit „Ich schaffs!" ist also eine Einladung an Anwendende und ihre Klienten, die (Problem) Sache(n) so entspannt und gut gelaunt wie möglich anzugehen.

1. Aktuelle Strukturprobleme und Hintergründe für zunehmende „Störungen" der sozialen Beziehungen

1.1. Bedeutungswandel von Kindern und Kindheit

Unsicherheit und Verunsicherung lauten heute häufig die Stichworte in der Erziehung der Kinder. Hier lassen sich verschiedene, teilweise gegenläufige Tendenzen beobachten: Die Bedeutung der Kinder gerade in den wohlhabenden bürgerlichen Mittelschichten dürfte historisch vorbildlos sein, was Liebe, Zuwendung und Aufmerksamkeit betrifft, die sie von ihren Eltern erfahren. Denn Kinder sind dort in der Regel Wunschkinder und bleiben oftmals Einzelkinder, was ihrer Entwicklung wenig förderlich ist. Kinder brauchen andere Kinder für eine gedeihliche Entwicklung. Mittelschichts-Kinder werden so häufig zum sinnstiftenden Lebensinhalt, der von den Eltern gehegt, gepflegt und gefördert wird, wo es nur geht. Das Schlagwort der alles überwachenden, bis zum Universitätsabschluss fürsorglich-kontrollierenden *„Helikopter-Eltern"* spricht für sich.

Hierzu findet sich bei Wikipedia folgender Eintrag:

> *„Der Ausdruck [Helikopter-Eltern, d. A.] stammt aus dem Englischen und hat sich in jüngster Zeit auch im Deutschen eingebürgert. Er bezeichnet einen von „Überbehütung" und exzessiver Einmischung in die Angelegenheiten des Kindes bzw. des Heranwachsenden geprägten Erziehungsstil, der in der westlichen Welt heute besonders in Mittelschichtfamilien verbreitet ist und der im Engli-*

schen auch als „Overparenting" bezeichnet wird. Wie unter anderem die US-amerikanische Familientherapeutin Wendy Mogel ausgeführt hat, liegt die Problematik dieses Verhaltens nicht nur darin, dass betroffene Eltern Risiken, die ihren Kinder drohen, systematisch falsch einschätzen. Mogel kritisiert, dass diese Eltern sich – obwohl sie liebevoll, intelligent, einfühlsam und äußerst engagiert sind – in ihrer Erziehungsarbeit weitgehend auf ein Mikromanagement der wechselnden Stimmungen des Kindes beschränken und darüber das große Ganze der Erziehung aus dem Blick verlieren: Dem Kind Werte zu vermitteln und es zu Widerstandsfähigkeit und Selbständigkeit anzuleiten („Charaktererziehung"). Im deutschsprachigen Raum dreht sich ein Großteil des öffentlichen Diskurses über „Helikopter-Eltern" um das Mikromanagement, das viele Eltern in den Bildungsangelegenheiten ihres Kindes praktizieren, und das neben einer Überbuchung und Überlastung des Kindes häufig Konflikte mit Lehrern, Schulwechsel und ähnliches zur Folge hat.
Im engeren Sinn wird die Diskussion geführt um Eltern(-Teile), die ihr erwachsenes Kind, also Studierende z.B. lenken wollen, bei Einstellungsgesprächen „mitgehen", vor allem aber bei der Auswahl universitärer Studiengänge sehr aktiv mitreden, weil sie schließlich einen akademischen Hintergrund besitzen, alles selbst schon einmal erlebt und heute genauestens verfolgt haben, was an Unis und danach geschieht. Zu diesen für elterliche Ratschläge anfälligen jungen Volljährigen sagt ein Autor: „Eigentlich sollten sie das im Studium bereits getan haben. Sie sollten von zu Hause ausgezogen sein, um die Welt alleine kennenzulernen und ihre Rolle im Erwachsenenleben zu finden. Immer mehr junge Menschen schleppen allerdings noch eine Altlast mit in die sogenannte Postadoleszenz, die einst als die Phase größtmöglicher Freiheit galt." Im Übrigen steigt die Anzahl der deutschen Studierenden, die bei ihren Eltern wohnen, seit 2002 wieder ständig an". (www.wikipedia.de/ Zugriff am 12.07.2012).

Vielfach führt diese mittelschichts-spezifische Über-Förderung zu einer Überforderung der Kinder schon im Grundschulalter. Die Selbstverständlichkeit, mit der Schulkinder heute schon Medikamente (wie Aspirin gegen Schmerzen oder Ritalin gegen Hyperaktivität) einnehmen müssen, zeugt davon. Ebenso alarmierend ist die beobachtete Zunahme von Störungsbildern im Bereich der sozialen Beziehungen bei Kindern und Jugendlichen:

Diese zeigen sich dem pädagogischen Fachpersonal nicht zuletzt auch im anstrengender gewordene Umgang mit schwierigen, verhaltensauffälligen, emotional und materiell häufig *unterversorgten* Kindern aus den sog. bildungsfernen Milieus, sowie zunehmend der Umgang mit den gerade skizzierten materiell überversorgten „wohlstandverwahrlosten" Mittelschichtskindern, bei denen sich zunehmend *Beziehungs-Störungen im sozialen Umgang* zeigen, weil in beiden Fällen der elterliche und oft genug auch der pädagogische Umgang mit den Kindern nicht angemessen ist (vgl. Winterhoff 2012, Bude 2008).

„Immer mehr Erwachsene befinden sich in gravierenden, unbewussten Beziehungsstörungen gegenüber (ihren) Kindern. Dabei unterscheidet er [der Kinder- und Jugendpsychiater Michael Winterhoff, d. A.] zwischen drei wesentlichen Ausformungen: Das Kind wird wie ein kleiner Erwachsener behandelt (Kind als Partner); der Erwachsene gerät in Abhängigkeit vom Kind, da er von diesem partout geliebt werden will (Projektion); das Kind wird im Rahmen einer psychischen Verschmelzung vom Erwachsenen als Teil seiner selbst wahrgenommen (Symbiose). Gesellschaftliche Fehlentwicklungen verhindern, dass Erwachsene für Kinder ein klares Gegenüber sind – ein Gegenüber, das für eine gesunde Entwicklung der kindlichen Psyche und Persönlichkeit eine unbedingt notwendige Voraussetzung wäre. Die Folge: Immer mehr Heranwachsende zeigen Symptome, die einer allgemeinen Beziehungsunfähigkeit ähneln. Sie weisen Defizite in grundlegenden sozialen Kompetenzen auf und scheitern immer häufiger an der Integration zunächst in den schulischen Klassenverband, später in das Arbeitsleben" (Winterhoff, M. 2012, www.michael.winterhoff.com/ Zugriff am 12.07.2012, Herv. d.A.).

Dabei werden diese Mittelschichts-Kinder heute in einem Maße von Erwachsenen – Eltern und Erzieherinnen und Pädagogen – kontrolliert und in ihren Bewegungsmöglichkeiten eingeschränkt wie keine Generation vor ihnen. Unbeobachtetes Spielen und Explorieren in der freien Natur kennen gerade Kinder aus der Stadt kaum noch. Der Leistungsanspruch und Leistungsdruck in diesen Familien steigt parallel zur „Bildungsangst" der Eltern, die befürchten, ihr Kind könne den Sprung auf eine höhere Schule oder das Abitur nicht schaffen (Stelzer 2009, S. 12). Der Querdenker Götz Aly hat unlängst darauf aufmerksam gemacht, dass genau dieses Phänomen der zunehmenden „Bildungsangst" in den Mittelschichten quasi der Preis für unseren zugenommenen (Bildungs-) Wohlstand als Gesellschaft symbolisiert, in der sich der Anteil der Abiturienten in den letzten 50 Jahren verzehnfacht hat (von ca. 4% in den 1950er Jahren auf mehr als 40% heute).

Dennoch, diese Entwicklung scheint ihren Preis zu kosten, denn die Zukunfts-Prognosen klingen düster:

> *„Blickt man auf die Statistik, wächst an den Schulen eine Generation von Kranken und Gestörten heran. 2007 bekamen mehr als 20 Prozent aller sechsjährigen Jungen, die bei der AOK versichert waren, eine Sprach-, 13 Prozent eine Ergotherapie. Seit Jahren steigt der Anteil der Kinder, bei denen Stimm-, Sprech- und Sprachstörungen oder psychische, sensorische oder motorische Störungen diagnostiziert werden. Einer Studie des Robert-Koch-Instituts zufolge sind knapp 18 Prozent der Jungen und 11,5 Prozent der Mädchen bis 17 Jahre verhaltensauffällig oder haben emotionale Probleme. Bei 10 bis 11 Prozent eines Jahrgangs wird ein Aufmerksamkeitsdefizitsyndrom festgestellt: ADHS. Forscher sagen außerdem eine Welle von Autismus und Depressionsdiagnosen voraus, wie sie in den USA zunehmend bei Kindern gestellt werden, ‚und wir haben noch nie einen medizinischen Trend aus Amerika ausgelassen ‚wie der Jugendforscher Klaus Hurrelmann sagt" (Stelzer 2009, ebd.).*

Das heutige kindliche Aufwachsen in der Mittelschicht hat die Journalistin Tanja Stelzer recht treffend als ein Aufwachsen im elterlichen Helikopter-Überwachungsstaat, „in einer Diktatur des Guten" bezeichnet, wo sich die Eltern und andere Erwachsene in gutgemeinter Absicht um alles kümmern, was die Mittelschichts-Kinder früherer Generationen noch selbst regeln und organisieren mussten und was Kinder aus der Unterschicht scheinbar auch heute ohne weiteres alleine zu regeln im Stande sind: Zum Beispiel die Frage, Wer? Spielt was? Wann? Mit wem? Und wo?

„Keine langweiligen Nachmittage zu Hause, weil immer irgendein Erwachsener für Beschäftigung sorgt, keine öden Besuche bei Verwandten am Wochenende, sondern Zirkus, Museum, Konzert, Ballonfahrten. Eltern wollen mit ihren Kindern hoch hinaus, wer wollte sich da ausnehmen?" (Stelzer ebd.).

Lange Studien-und Ausbildungszeiten der Kinder aus der Mittelschicht haben das „psychosoziale Moratorium" zwischen Kindheit und Erwachsensein in modernen Gesellschaften und in Deutschland zusätzlich verlängert, so dass die (nicht nur finanzielle) Abhängigkeit vom Elternhaus bis weit über die Adoleszenz dauern kann (Bude 2008, S.85).

1.2 Alleinerziehende Mütter und abwesende Väter

Die Probleme der Mittelschichts-Familien resultieren nicht zuletzt aus der Tatsache, dass die Familie mit zwei Verdienern in der Moderne zur „ökonomischen Norm" mit allen Risiken und Chancen geworden ist (Bude 2008, S. 73). Es gibt Länder, in denen die Lebenshaltungskosten mittlerweile so hoch sind, dass sie mit einem Einkommen alleine nicht mehr zu bewältigen sind, etwa Norwegen. Dort ist eine flächendeckende Kinderbetreuung schon deshalb unerlässlich, damit die Frauen erwerbstätig sein und zum Familieneinkommen möglichst viel beitragen können.

Die Kehrseite dieser Mittelschichts-Familien-Medaille mit emotional und materiell überversorgenden Eltern bilden abwesende Väter, die alleinerziehende Mütter generieren. Parallel zur Entwicklung in USA stieg in Deutschland die Quote alleinerziehender Mütter mit Kindern unter 18 Jahren in den letzten Jahren auf ca. 1,5 Millionen an. Ähnlich wie in den USA und anders als in anderen europäischen Ländern haben diese Frauen in Deutschland eine Armutsrisikoquote von 35 Prozent und leben damit tendenziell gefährlich, was ihre soziale und wirtschaftliche Situation betrifft. Die Armutsrisikoquote bezeichnet die Wahrscheinlichkeit, in finanzielle Armut zu geraten. Sie liegt bei Paaren mit einem Kind hierzulande bei 14 Prozent, bei Paaren mit zwei Kindern bei ca. neun Prozent und bei Paaren mit drei Kindern immer noch bei 14 Prozent (ebd. S. 74 ff.). Dennoch ist es wichtig, zu unterscheiden, in welchem sozialen Kontext und welcher ökonomischen Situation die Alleinerziehenden leben.

Ein zunehmend besorgniserregender Befund nicht nur bei Alleinerziehenden ist das Phänomen, dass immer mehr Eltern sich der Erziehungsaufgabe nicht gewachsen, sich chronisch überfordert fühlen und in der Folge ihre Kinder emotional und materiell nicht ausreichend versorgen. Das Ergebnis ist eine zunehmende Anzahl von Kindern, die häufig in emotionaler und materieller Armut leben, verwahrlosen und Opfer von Missbrauch und Gewalt werden können. Risikofaktoren, die dazu führen, dass Familien in die Desorganisation abrutschen sind z.B. chronische materielle Armut, genetische Beeinträchtigungen, psychotisches Verhalten eines Elternteils und belastende Lebensereignisse wie Trennung, Scheidung oder Tod von Familienmitgliedern sowie Vernachlässigung und Gewalt (Conen 2008).

Die Zahl der Fälle, in denen Gerichte den Eltern das Sorgerecht entzogen haben, ist in Deutschland 2008 um acht Prozent (auf 12.244 Fälle absolut) gestiegen (v. Wrangell 2009, S. 5). Mittlerweile haben einige Jugendämter erkannt, dass sie dem Phänomen der Überforderung von Eltern vor allem präventiv begegnen müssen und haben entsprechende Präventions-Projekte gestartet: So werden etwa in Darmstadt alle Familien mit Neugeborenen von einer Mitarbeiterin des Jugendamtes besucht und mit Informationen und Unterstützungsangeboten ausgestattet. In Berlin scheint aufsuchende Familientherapie eine sinnvolle Alternative für desorganisierte Familien darzustellen. In vielen Städten sind sog. „Familien-Hebammen" damit beschäftigt, präventiv sichere Bindungen zwischen Müttern und ihren Säuglingen im ersten Lebensjahr zu ermöglichen (vgl. Staschek 2006). Diese Maßnahmen scheinen nachhaltig wirksam zu helfen, das elterliche Risiko, sich chronisch überfordert zu fühlen, merklich zu reduzieren und schützen gleichzeitig das Kindeswohl.

1.3 Gleichzeitige Bildungsarmut, Bildungsverlierer und die Frauen als Gewinnerinnen

Parallel zu dieser kindlichen Über-Förderung in den Mittelschichten hat sich auch das Gegenteil davon entwickelt: Die Vernachlässigung und Bildungsarmut unter Kindern und Jugendlichen. Aktuell gilt unter den Jugendlichen in Deutschland ein Anteil von ca. 20 Prozent als „ausbildungsmüde". Damit werden vor allem männliche Jugendliche mit niedrigen Bildungsabschlüssen aus Haupt- oder Förderschulen bezeichnet, die ihre Lehrer und Ausbilder vielfach mit Abwehr und Obstruktion bestrafen, weil sie Angebote sabotieren und Desinteresse signalisieren.

„Die Hälfte dieser Bildungsarmen sind Deutsche, von denen 18 Prozent aus Familien ungelernter Arbeiter stammen und immerhin 3 Prozent aus der Mittelschicht, während die andere Hälfte aus Familien mit Migrations-Hintergrund kommen" (Bude 2008, S.93; 96).

„Hier haben wir nämlich im Prinzip die Risikogruppe vor Augen, die nach den international vergleichenden PISA-Untersuchungen über Leistungen von 15-jährigen Schülerinnen und Schülern in den Bereichen Leseverständnis, mathematisches Verständnis und fächerübergreifende geistige Kompetenzen nicht einmal die erste von fünf Kompetenzstufen erreicht" (Bude 2008, S. 95).

Die Bildungsforschung spricht hier von einer starken Minderheit junger Menschen, die funktionale Analphabeten sind, d.h. die gerade so viel können, um sich irgendwie beruflich durchzuwursteln, die aber kaum Chancen auf ein berufliches Weiterkommen haben. Diesen Jugendlichen fehlen die Basiskompetenzen, die in modernen Gesellschaften für eine befriedigende Teilnahme am gesellschaftlichen Leben in persönlicher und wirtschaftlicher Hinsicht erforderlich sind. Deshalb ist es für sie quasi unmöglich, einen Ausbildungsplatz auf dem ersten Arbeitsmarkt zu ergattern.

Neben unserem nach wie vor nach sozialer Herkunft selektierenden Bildungssystem lässt sich an dieser Gruppe von überwiegend jungenmännlichen Bildungsverlierern aber auch ablesen, dass die Transformation unserer Gesellschaft von einer Industrie- in eine Dienstleistungswirtschaft nicht alle mitnimmt und nicht für alle eine Arbeit – zumal nicht auf dem ersten Arbeitsmarkt – anzubieten hat. Kritisch ist diese Entwicklung auch deshalb, weil sie unsere Demokratie und Ökonomie gleichermaßen bedroht: Bildungsverlierer und gesellschaftlich ins Abseits Getriebene tendieren zu unpolitischen oder extremen politischen Meinungen, die eine Demokratie nicht unbedingt stärken. Außerdem haben sie kaum Mittel und Chancen zu legaler gesellschaftlicher und ökonomischer Teilhabe und sind schwer motivierbar.

Mit den von dieser Thematik betroffenen Lehrern, Eltern und ihren Sprösslingen haben es Beratende gerade im Umfeld Schule, Sozialarbeit und Jugendhilfe oft zu tun. Wer sich bei diesem Thema als Berater/-in voreilig auf unrealistische Strategien und Zielsetzungen einladen lässt, landet meist in der Sackgasse des Scheiterns. Hier braucht es Kontextsensibilität, lösungsorientiertes Fingerspitzengefühl, Kreativität und passende Beratungs-Methoden, um zielführende und realisierbare Auswege zu finden.

Verlierer gibt es aber auch in der Mitte der Gesellschaft: Bude (2008) identifiziert nicht erst seit Beginn des 21. Jahrhunderts, sondern bereits seit den 1970er Jahren eine langsam, aber stetig zunehmende Einkommensarmut. Dabei geht es weniger um jene einkommensarmen Haushalte, die am unteren Ende der Einkommenspyramide stehen. Vielmehr geht es um eine neue Form prekärer Existenzweise, die auch Menschen aus privilegierten Lebenslagen erreicht, weil ihr Einkommen eine autonome Lebensführung nicht mehr erlaubt.

Für psychosozial Beratende heißt das, dass es durchaus einen Unterschied macht, wen sie in der Beratung vor sich haben: Wir leben in einer Zweidrittel-Gesellschaft, in der die Armut zunehmend in die Mitte der Gesellschaft hineinreicht und ein Drittel der Bevölkerung chronisch arm bleibt: Dies betrifft v.a. die kleinen Selbständigen, die Facharbeiter und die „untere Dienstklasse" des Verwaltungspersonals (ebd. S. 40). Wer zusätzlich noch aus einem einfachen sozialen Milieus stammt, für den erhöht sich das Risiko, im hoch selektiven deutschen Bildungssystem unter die Räder zu kommen.

Männliche Jugendliche ab zwölf Jahren mit den geschilderten Bildungsproblemen dürften die ideale Zielgruppe für das altersangepasste Aufbau-Programm „Ich schaffs! – Cool ans Ziel" (Bauer/Hegemann 2008) darstellen. Wirksamkeitsstudien dazu wären für die Zukunft wünschenswert.

2. Ergebnisse aus Neurobiologie und Bindungsforschung für die Wirksamkeit von „Ich schaffs!"

Die Bindungsforschung ist eine jüngere Forschungsrichtung, deren Geburtsstunde in USA und Europa mit den verheerenden sozialen Auswirkungen für die Überlebenden nach den beiden Weltkriegen begann (vgl. Bowlby 1973).

Es darf mittlerweile als gesicherte Erkenntnis aus Gehirnforschung und Neurobiologie gelten, dass nicht nur menschliche Wesen, sondern ebenso höher entwickelten Säugetiere insbesondere im ersten Lebensabschnitt existenziell auf die Entwicklung einer sicheren emotionalen Bindungsbeziehung an eine verlässliche Bezugsperson angewiesen sind, um sozial, emotional und kognitiv gedeihen zu können. Umgekehrt gilt das Fehlen einer solchen sicheren Bindung durch Deprivation, Missbrauch, Vernachlässigung oder häufige Trennung insbesondere in den ersten zwölf Lebensmonaten als Risikofaktor für die menschliche Entwicklung.

> *„Emotionale Wärme, Fürsorge und Zuneigung fördern die Entwicklung emotionaler und sozialer Fähigkeiten und Fertigkeiten. Deprivation und traumatische Erlebnisse [...] können dagegen zu schwerwiegenden psychischen Problemen und Verhaltensstörungen führen. Ebenso wie regelmäßige und verlässliche positive Erfahrungen mit einer Bezugsperson die emotionale Entwicklung begünstigen, bedingen andauernde Erlebnisse von Strenge und emotionaler Kälte ein Risiko für die weitere Entwicklung; man spricht in diesem Zusammenhang von ‚Mikrotraumatisierung'. Im bindungstheoretischen Sinne äußert sich dieser Schaden in einem mangelhaften Vertrauen in die soziale Umwelt, einer erhöhten Stressanfälligkeit mit einem erhöhten Risiko für psychische Probleme" (Buchheim 2011, S.339).*

In Tierversuchen mit Ratten konnte gezeigt werden, wie wiederholte Kontaktunterbrechungen zwischen Eltern und ihren Jungen bei diesen zu hirnorganischen Veränderungen führten, die sich u.a. in Hyperaktivität und sog. ungerichtetem Explorationsverhalten ausdrückten. So konnten zum Beispiel die immer wieder von den Elterntieren getrennt aufgewachsenen Jungratten

„...die Mutterstimme nicht mehr zur Beruhigung nutzen. Sie hör-
ten ihre Mutter zwar noch, konnten aber vermutlich die emotionale
Bedeutung der Lockrufe [Nahrung, Wärme und Geborgenheit] nicht
mehr ‚interpretieren' oder sie waren emotional ‚abgestumpft' und
reagierten deshalb nicht mehr darauf" (Buchheim 2011, S. 340).

Bedeutsam und bedenklich zugleich ist bei diesen Ergebnissen, dass sich die Kinder von wenig zugewandten Rattenmüttern selbst auch wieder wenig fürsorglich zeigten, als sie Junge bekamen. Damit scheint ein Hinweis auf die auch biologische „Vererbbarkeit" von Fürsorge- und Bindungsverhalten unter schwierigen Bedingungen gegeben, wie wir es auch bei Menschen beobachten können.

Es ist davon auszugehen, dass gerade bei den Angehörigen helfender Berufe ein nicht geringer Prozentsatz von selbst (Bindungs-) Bedürftigen vertreten ist. Unter dem Stichwort Helfer-Syndrom wurde dieser Berufsgruppe in den 1970er Jahren ein quasi suchthaftes Bedürfnis nach der Sorge um andere, nämlich Klienten unterstellt. Unter dem Helfersyndrom versteht man unbewältigte eigene psychische Probleme, die häufig bei psychosozialen Berufsgruppen (wie Lehrer, Ärzte, Altenpfleger, Pfarrer, Psychologen, Erzieherinnen und Sozialarbeiter) anzutreffen sind. Das Phänomen „Helfersyndrom" wurde erstmals 1977 vom Psychoanalytiker Wolfgang Schmidbauer in seinem Buch „Die hilflosen Helfer" formuliert und bis heute nicht empirisch bestätigt. Ein bindungsrelevanter Aspekt dieser These könnte sein, dass helfende Berufe die Möglichkeit bieten, eigene Bindungs-Defizite und ungestillte Bedürfnisse aus der Herkunftsfamilie im Beruf durch Zuwendung zu anderen, die auch bedürftig sind, kompensieren zu können. Dieses Verhalten wäre dann unkritisch, wenn die professionellen Helfer ihre eigene Bindungsgeschichte reflektiert haben und bewusst versuchen, positive und gesunde Beziehungsangebote mit ihren Klienten aufzubauen, ohne sich dabei zu übernehmen oder zu verstricken. Unter gesund verstehe ich hier ein Angebot, bei dem es dem Betreuer nicht so sehr um die eigene narzisstische Wichtigkeit und Unersetzbarkeit geht, um es einmal defizitorientiert auszudrücken, sondern wo die gesunde Entwicklung des Kindes im Mittelpunkt steht.

Gleichzeitig gibt es Hinweise darauf, dass das Bindungsverhalten und die sog. Bindungsrepräsentanz sich im Laufe der menschlichen Entwicklung noch positiv gestalten und entwickeln können.

> *„Neben Einflussfaktoren wie [...frühen, d. A.] Stressbelastungen kann auch die Qualität außerfamiliärer Tagesbetreuung oder die Qualität des sozialen Netzwerks der Familie die spätere Bindungsrepräsentation zu unterschiedlichen Zeitpunkten im Entwicklungsverlauf positiv oder negativ verändern [...] Schließlich können auch spätere Beziehungserfahrungen mit anderen nahestehenden Personen als den Eltern die Bindungsrepräsentation beeinflussen. In den [...] Interviews autonomer Erwachsener, die über negative Bindungsvorerfahrungen mit ihren Eltern berichteten, finden sich häufig Hinweise auf positive Erfahrungen mit anderen nahestehenden Menschen. Dies waren häufig Großeltern oder andere Verwandte und im späteren Alter auch Freunde, Lebenspartner und nicht selten Therapeuten.“ (Ziegenhain 2012, S. 162)*

In der Bindungsforschung werden solche späteren positiven Bindungsentwicklungen von Menschen, denen als Kleinkind keine sichere Bindung angeboten werden konnte, als „erworben sicher“ bezeichnet. Es gibt empirische Hinweise drauf, dass eine solche erworbene Bindungssicherheit besonders häufig bei Personen möglich wurde, die im Laufe ihres Lebens therapeutische Hilfe gesucht und gefunden haben, und wo die Therapie erfolgreiche Entwicklungen von einer ursprünglich unsicheren zu einer sicheren Bindung ermöglicht hat (Ziegenhain 2012, ebd.). Diese Befunde sind anschlussfähig an die Salutogenese- und Resilienzforschung.

Ein klar strukturiertes Konzept wie „Ich schaffs!“ kann dabei hilfreich sein, eine sichere Bindungsbeziehung zwischen Therapeuten/Helfern und Kindern aufzubauen, weil es die professionellen Helfer als Team auch unterstützt, sich etwa gemeinsam im Tandem mit einem Kind zu beschäftigen. Theoretisch könnte auch die Kollegin mit „Ich schaffs!“ weitermachen, wenn der eine Betreuer beispielsweise einmal verhindert ist oder in Urlaub fährt. Mit einer solchen Übergabe nach dem „Staffelholz-Prinzip“ könnten sich die Betreuenden untereinander noch mehr unterstützen und gleichzeitig entlasten, ohne das Risiko eines Beziehungsabbruchs einzugehen. An dieser Stelle benötigt es aus meiner Sicht noch mehr Sensibilität und Feinfühligkeit bei der Anwendung des Programms.

Schauen wir zunächst noch einmal auf die positiven Effekte einer gelingenden Beziehungsgestaltung zwischen Betreuungspersonal und Kindern im psychosozialen Kontext. Die neuere Bindungsforschung geht von folgenden Annahmen aus: Menschliches Bindungsverhalten ist wahrscheinlich angeboren und dient unserer Überlebenssicherung. Kinder haben eine angeborene Disposition, sich an ihre primäre Bezugsperson binden zu wollen, auch wenn diese das Kind unangemessen behandelt. Dieses Verhalten lässt sich bei Hunden und allen Primatenarten ebenfalls beobachten. Dieser Befund erklärt auch die in der Jugendhilfe häufige Beobachtung kindlicher Loyalität an ein Herkunftssystem, das schädigt und vernachlässigt.

Dieses Bedürfnis nach Bindung korrespondiert mit dem neurobiologischen Befund, wonach unser menschliches Gehirn ein sich selbst organisierendes, hochkomplexes und gleichzeitig nach Konsistenz strebendes Organ ist, das u.a. diese Grundbedürfnisse kennt: Das soziale Bedürfnis nach Bindung, das Bedürfnis nach Lustgewinn und gleichzeitige Unlustvermeidung sowie das Bedürfnis nach Orientierung und Kontrolle (vgl. Grawe 2004, S.183ff.). Das Kind organisiert dabei sein Verhalten und Denken so, dass seine Bindungsbeziehung als Schlüssel für sein psychologisches und physisches Überleben aufrechterhalten wird. Häufig erhalten Kinder solche Beziehungen um den hohen Preis eigener Funktionsstörungen aufrecht. Verzerrungen im Fühlen und Denken, die einer frühen Bindungsstörung entstammen, entstehen meist als Reaktion des Kindes auf die Unfähigkeit der Eltern, seinen Bedürfnissen nach Wohlbefinden, Sicherheit und emotionaler Beruhigung Rechnung zu tragen.

Das sog. Bindungsverhalten von kleinen Kindern besteht aus verschiedenen Verhaltensweisen wie Lächeln, Schreien, Festklammern, Hinkrabbeln, Schutz suchen. Dieses Bindungsverhalten ist genetisch und wird bei allen Primatenarten gezeigt. Das Bindungssystem wird vor allem in emotionalen „Alarmsituationen" aktiviert: Bei Angst. Ärger, Wut, Trauer und Stress-Situationen. Werden die Bindungswünsche dann abgewiesen, verstärkt sich das bindungssuchende Verhalten. Kommt es dagegen zur Nähe mit der Bindungsperson (sei es nur über kurzen Blick-

oder Körperkontakt), fühlt sich das Kind sicher und kann seine Umgebung explorieren. Anzustreben sind deshalb „sichere Bindungen" für Kinder, weil sie nur dann auch offen und neugierig für Lernprozesse sein können.

Jeder Mensch hat eine bestimmte und einzigartige Bindungsgeschichte, die sich im ersten Lebensjahr herausprägt. Im ersten Lebensjahr entstehen auf Grund der frühen Bindungserfahrungen des Kleinkindes sog. „Inner Working Models", die das Kind gegenüber menschlichen Beziehungen macht. Diese Modelle entwickeln sich später zu sog. Bindungsrepräsentationen oder Bindungsschemata. Bis zur sechsten . Lebenswoche können die Bindungspersonen beinahe beliebig wechseln, danach entsteht (zeitgleich mit dem ersten Lächeln) eine zunehmend festere Bindung an eine oder mehrere Personen.

Viele der intensivsten menschlichen Emotionen treten während der Entstehung (im ersten Lebensjahr, sich verlieben), der Aufrechterhaltung (Liebe), dem Abbruch (unfreiwillige Trennung), und der Erneuerung der Bindungsbeziehungen (Freude beim Wiedersehen) auf. Aus der Sicht der Bindungsforschung entstehen viele Formen des seelischen Schmerzes und Störungen des emotionalen Gleichgewichtes einschließlich Angst, Wut, Depression und emotionale Entfremdung durch *unfreiwillige Trennung* und *unfreiwilligen Verlust*. Der drohende Verlust der Bindungsperson löst beim Kind Angst aus, der tatsächliche Verlust verursacht Trauer und Kummer, und jede dieser Situationen löst wahrscheinlich Aggression und Wut aus.

Das Bindungsverhalten von Kindern wird von den Bindungsforschern mit der sog. *fremden Situation* gemessen (Ainsworth et. al.1978). Dieses standardisierte Setting wird auf Video aufgezeichnet und sieht vor, dass ein ca. zwölf Monate altes Kind in einem Raum zweimal kurz hintereinander von seiner Mutter (bzw. seiner Haupt-Bindungsperson) getrennt und in deren Abwesenheit von einer fremden Person besucht wird. Dabei wird beobachtet, welche Verhaltensstrategien das Kind bei der Rückkehr seiner Mutter zeigt. Aus diesen Strategien wird auf das bisherige Interaktionsmuster zwischen Mutter/Vater und Kind rückgeschlossen.

Während sich eine sichere Bindungsqualität im Kleinkindalter also an der Qualität der Nähe-Distanzregulation im Austausch mit der frühen Bezugsperson feststellen lässt, zeigt sie sich beim Kindergartenkind

„[...] an der Qualität kompetenten und selbständigen sowie empathischen Verhaltens. [...] bereits ab dem frühen Kindergartenalter werden auch beginnende Repräsentationen von Bindungssicherheit erfasst [...] Entsprechend Bowlbys Konstrukt der internen Arbeitsmodelle werden die frühen Interaktionserfahrungen mit der Entwicklung zunehmend differenzierter kognitiver Kompetenzen, wie der erweiterter Gedächtnisstrukturen oder der einer rudimentären Selbst-Anderen-Unterscheidung, in internen Erwartungsmustern repräsentiert [...] Beim Vorschul- und Schulkind lässt sich eine sichere Repräsentation von Bindung dann gleichermaßen an inneren positiven Einschätzungen des eigenen Selbst und aktiven Handlungskompetenzen als auch an dem deutlich geäußerten Bedürfnis nach Hilfe oder Trost von Bindungspersonen erschließen" (Ziegenhain 2011, S. 163)

Die Bindungsforschung hat *vier Typen von Bindungsqualitäten* definiert: *Sicher-gebunden* (ca. 60% der Kinder): Kind zeigt Trennungskummer offen, kann aber schnell getröstet werden. Es zeigt eine gute Balance zwischen Nähe zur Mutter (Bindungsverhalten) und Erkundungsdrang (Autonomie).

Unsicher-vermeidend (20%): Kind zeigt wenig Kummer über die Trennung, konzentriert sich auf das Spielen und meidet nach der mütterlichen Rückkehr ihre Nähe. Es zeigt weniger eine Tendenz zur Nähe als vielmehr eine zur Exploration.

Unsicher-ambivalent (12%): Kind weint bei der Trennung heftig und lässt sich bei der Rückkehr kaum beruhigen. Es zeigt eher eine Tendenz zur Nähe (Klammern) als zur Exploration (Erkunden).

Desorganisiert-desorientiert (8%): Kinder können auf Trennung nicht einheitlich reagieren und zeigen Verhaltensauffälligkeiten wie Bewegungsstereotypien, Erstarren und Angst gegenüber einem Elternteil. Tritt vornehmlich bei Kindern auf, die Missbrauch, Deprivation, Verlust eines Elternteils oder Gewalt erlebt haben (vgl. Roth 2011, S. 70 ff).

Uns ist aufgefallen, dass gerade die Zielgruppe der Heimkinder und ihre Betreuer nach anfänglichen Startschwierigkeiten und Unsicherheiten beiderseits oft begeistert auf „Ich schaffs!" reagierten. Die von uns geschulten Heimerziehenden berichteten folgendes: Hatte das Betreuungspersonal sich erst einmal dazu durchgerungen, die Arbeit mit „Ich schaffs!" in seine Alltagsroutine mit einzelnen Kindern zu integrieren, so verlangten die anderen Heimkinder der Wohneinheit sehr bald ebenfalls, mit „Ich schaffs!" „behandelt" zu werden, auch wenn der Fortschritt sich manchmal nur langsam einstellen wollte und die Arbeit mit „Ich schaffs!" langsam voranging. In sehr gut geführten Jugendhilfe-Einrichtungen scheint das Programm sogar eine Art Selbstläufer, Standard von unten zu werden und dieser Befund scheint uns faszinierend und erklärungsbedürftig zugleich.

Aus der Sicht der Bindungsforschung ist dieses Phänomen so zu erklären: Kinder, die aus ihrer Herkunftsfamilie (zeitweise) herausgenommen werden, sind tendenziell vernachlässigt, manche misshandelt, jedenfalls nicht so behandelt worden, wie es einer gedeihlichen Entwicklung zuträglich wäre. Nur ein kleiner Teil von ihnen dürfte über eine sichere Bindung (zu den Eltern) verfügen.

Die Zusammenarbeit mit einer wertschätzenden Betreuungsperson, die „Ich schaffs!" anbietet, so meine Vermutung, bietet Kindern im Jugendhilfekontext u.a. der Heimerziehung in einem quasi geschützten Rahmen (man arbeitet ja mit einem „Programm") die Möglichkeit, Aufmerksamkeit, Zuwendung und emotionale Sicherheit mit dem unbewussten Neben-Effekt einer möglichen sicheren Bindung zu erleben. Wir wissen aus der neurobiologischen Forschung, dass das menschliche Gehirn so organisiert ist, dass es soziale Bindungen eingehen möchte, sofern es nicht massiv (z.B. durch Gewalt) traumatisiert wurde. Es hat sich gezeigt, dass sogar desorganisiertes Verhalten bei Kindern und Erwachsenen gestoppt werden kann, wenn die Betroffenen Empathie, Responsivität und Eingehen auf ihre Bedürfnisse erleben dürfen (Buchheim 2011, S.340). Wenn also das pädagogische Fachpersonal oder die Eltern selbst wertschätzend, feinfühlig und empathisch mit dem Programm „Ich schaffs!" (oder auch nur Teilen daraus) umgehen, das Kind sich angenommen und mit seinen Bedürfnissen gesehen erleben kann, dann, so meine Überlegung, kann so etwas wie Heilung im therapeutischen Sinne durch den vorsichtigen Aufbau einer sicheren Bindungsbeziehung möglich werden. „Ich schaffs!" bietet sich dazu quasi als neutral-wertschätzendes „Medium" an, ohne allzu viel Nähe zu erzwingen, sofern die anwendende Person eine geduldige, empathische und wertschätzende *Grundhaltung* mitbringt, sich ihrer Verantwortung bewusst ist und bereit, eine sichere Bindungsbeziehung einzugehen. Außerdem darf sie dem Kind nicht ohne Not pädagogisch erwünschte Ziele als zu erlernende Fähigkeit(en) suggerieren. Hier sind Lehrer nach Beobachtungen von „Ich schaffs!"-Trainern wohl besonders gefährdet, wenn sie Kindern vorschnell sozial erwünschte Zielsetzungen in den Mund legen. Ebenso, und dies wäre ein weiterer Gewinn der Arbeit mit „Ich schaffs!", kann die Arbeit mit dem Programm eine vorsichtige Erkundung fremden und eigenen Erlebens und Handelns beim Kind anregen und ermöglichen. Wie wir gesehen haben, ist die Fähigkeit zur Exploration ja bei Kindern mit unsicheren Bindungen ja eingeschränkt.

Die Bindungsforschung hat auch gezeigt, dass bereits in der frühen Kindheit (ab 12 Monaten) ein Zusammenhang besteht zwischen der *Qualität* der Bindung und dem Explorationsverhalten der Kinder. Danach sind sicher gebundene Kinder neugieriger und mehr interessiert an der Erkundung ihrer Umgebung als Kinder mit unsicheren oder desorganisierten Bindungen. Kinder brauchen Herausforderungen, die sie erfolgreich bewältigen können, um Selbstmotivation entwickeln zu können. Diese Prozesse versucht „Ich schaffs!" vorsichtig anzuregen. Dazu bedarf es allerdings einer feinfühligen Person, die eine sichere Bindung offerieren kann. Kontraproduktiv erscheinen Abbrüche des Programms wegen Urlaub oder Krankheit der betreuenden Person, wie sie leider auch in unseren Befragungen immer wieder geschildert wurden. Hilfreicher wäre es, wenn sich hier „Ich schaffs!"-Trainer-Tandems bilden könnten, so dass dem Kind immer eine sichere Ansprechperson zur Verfügung steht.

Kinder lernen am besten beim Spielen. Spielen ist ein menschliches Grundbedürfnis (und auch bei höher entwickelten Säugetieren zu beobachten). Beim Spielen lernt das Kind, seine Umwelt zu begreifen, neue Fertigkeiten zu erproben und Lösungen für immer komplexer werdende Probleme zu finden. Zum Spielen braucht es Zeit! Diese Aspekte werden bei „Ich schaffs!" berücksichtigt, indem man das Programm jeweils nach dem Lerntempo des Kindes ausrichten und die Schritte in anderer Folge im passenden Tempo durcharbeiten kann.

Viele aktuelle Störungen bei Kindern (Sprachentwicklungsstörungen, Aufmerksamkeitsdefizite, Lernstörungen) zeigen sich in früher Spiel-Unlust. Somit könnte man umgekehrt folgern, dass ein Kind, das keine Lust auf das Angebot „Ich schaffs!" hat, möglicherweise entsprechende Symptome zeigt, die wahrgenommen werden sollten.

3. Traumatisierung und die Stärkung der Resilienz als Selbstheilungskraft durch die Arbeit mit „Ich schaffs!"

Als eine der für den klinischen Bereich herausragenden Leistungen des 20. Jahrhunderts kann aus heutiger Sicht die Entwicklung und Verstetigung einer psychologischen Nomenklatur in Form der diagnostischen Klassifikationssysteme DSM und ICD gelten, auch wenn diese besonders aus systemischer Sicht immer wieder Anlass zur Kritik bieten. In diesen Systemen wurde alles, was an Pathologie bekannt war, benannt und geordnet. Gleichzeitig bestand die Leistung gerade darin, den Fokus ungehemmt auf Störungen und Unregelmäßigkeiten jeder Art zu richten.

> *„Immer neue Störungsbilder wurden beschrieben, etwa die ‚Posttraumatische Belastungsstörung' oder ‚Burnout' [...] Störungen der Emotionsregulation und der Umgang mit überbordenden, gehemmten oder verhinderten Emotionen standen dabei im Mittelpunkt. Wenig beachtet wurde hingegen der gezielte Aufbau positiver Emotionen nach schwierigen Lebenskrisen oder traumatischen Ereignissen" (Menning 2011, S.250).*

Diese defizitfokussierte Sichtweise in Form einer „Diagnose" gilt in unserem Gesundheitssystem nach wie vor als „Eintrittskarte", um überhaupt behandelt werden zu können. Als Nebenwirkung kann eine starre Zuschreibung der „Diagnose" zum Klienten/Patienten auftreten, die den Blick auf Lösungsmöglichkeiten und Potenziale verstellt.

Gleichzeitig entwickelten sich bereits ab der Mitte des letzten Jahrhunderts mit der den Anfängen der Reslienzforschung (vgl. Werner 1977) quasi Gegenentwürfe zur Defizitfokussierung in Form von Perspektiven auf das Gelingen glücklicher Lebensumstände auch unter widrigen Bedingungen. Dabei zeigt sich:

> *„Die Frage nach den Bedingungen des Glücks ist eine sehr alte. Schon Aristoteles betrachtete das im ‚guten Leben verwirklichte Glück' eudaimonia) als das oberste Ziel absichtlicher Handlungen [...]. Genauso ist in einigen Zweigen des noch älteren Buddhismus das meditative Erlangen positiver Emotionen – etwa eines Zustands*

der Empathie mit allem Lebenden oder eines Zustands tiefster Ver-
bundenheit und tiefsten Einsseins – höchstes Ziel. Es hat sich gezeigt,
dass auch in der Psychotherapie das tiefe und echte Erleben von
Emotionen von immenser Bedeutung ist und einer der zuverlässigs-
ten Prädiktoren für den Therapieerfolg [...]" (Menning 2011, S.250).

Es kann sein, dass die Arbeit mit „Ich schaffs!" deshalb gerade in der
Heimerziehung so gut ankommt, weil gut geschulte und empathisch-
wertschätzende „Ich schaffs!"-Anwender dort Kinder darin unterstützen
können, Glücksgefühle zu erleben. Dieses positive Erleben kann bei
Menschen, die ein traumatisches Ereignis erlebt haben, schwer beeinträchtigt werden.

„Man spricht von numbing, einer emotionalen Taubheit, dem Ge-
fühl der Gefühllosigkeit. Das Vertrauen in die Menschen ist verletzt,
welches die Vorbedingung für Bindungsgefühle wie Liebe, Zunei-
gung, Empathie und Sympathie ist. Glücksgefühle und Neugierver-
halten kommen nicht auf, wenn man sich in sein Schneckenhäus-
chen verkriecht. Dennoch sind positive Gefühle und Perspektiven
und sogar eine posttraumatische Reifung möglich [...]" (Menning
2011, S.258)

Hier kommen positive Psychologie, Resilienz- und Ressourcenfor-
schung mit ihrer Fokussierung auf die menschlichen Selbstheilungskräfte ins Spiel. Für unsere Fragestellung nach der Wirksamkeit von „Ich
schaffs!" besonders wichtig erscheint mir die Resilienz als Oberbegriff,
da hier der Fokus wie bei Baron Münchhausen darauf gerichtet ist, wie
es gelingen kann, sich auch nach persönlichen Katastrophen am eigenen
Schopf aus dem Sumpf zu ziehen.

„Als resilient kann metaphorisch ein ,Stehaufmännchen' gelten,
welches über die Fähigkeit verfügt, aus allen Lagen heraus wieder
eine aufrechte Haltung einzunehmen, anstatt entweder starr zu
versuchen, dem Druck zu widerstehen und dann beim Umschubsen
liegen zu bleiben oder so weich zu werden, dass der Impuls ein stän-
diges Einknicken bewirkt" (v. Schlippe; Grabbe 2007, S. 27).

Resilienz (aus dem Lateinischen: resilire, widerstehen) ist ein Begriff, der ursprünglich aus der ingenieurwissenschaftlichen Materialprüfung stammt und dort die Eigenschaften des Materials beschreibt, sich nach Druck oder Verformung in den ursprünglichen Zustand zurückzubewegen.

Bei Menschen bedeutet Resilienz Beweglichkeit und Widerstandskraft gleichermaßen, die es ermöglichen, auf beeinträchtigende, schwierige oder sogar traumatische Situationen und Krisen so zu reagieren, dass die Betroffenen sie weitgehend ohne nachhaltige Beschädigungen durchstehen und nach kurzer Zeit ohne fremde Hilfe zu ihrem gewohnten Leben zurückkehren können (Walsh, 1998). Eine resiliente Verarbeitungsstrategie zeigt ähnlich wie im Kohärenzkonzept Antonovskys (1993) eine Fokussierung auf Verstehbarkeit, Handhabbarkeit und Sinnhaftigkeit des erlebten Geschehens, die der Person helfen, das vergangene kritische Ereignis zu bewältigen und zu verarbeiten.

Resilienz als Alternative zum Entwickeln von Störungen wird erforderlich bei Menschen, die z.B. von Armut, chronischen Krankheiten, der Erfahrung katastrophaler Lebensereignisse, dem Erleben von Verlust, Trennung und/oder Trauma sowie familialer Desorganisation biografisch betroffen sind. Die Familientherapeutin Marie-Luise Conen (2008) hat durch ihre Berliner Arbeit mit dysfunktionalen sog. „Jugendhilfefamilien" darauf aufmerksam gemacht, dass wir unsere Vorstellungen davon, was Kinder nachhaltig schädigt, gründlich revidieren und die menschliche Fähigkeit zur Resilienz mehr fokussieren sollten.

In dysfunktionalen und desorganisierten Familien zeigen sich danach häufig folgende Merkmale:

- Zu viel oder zu wenig Struktur.
- Führung durch die Eltern sprunghaft oder eingeschränkt.
- Rollen unklar oder ständig wechselnd.
- Entscheidungen werden impulsiv oder nicht durchdacht getroffen.
- Versprechungen, Vereinbarungen und Pläne werden nicht unbedingt eingehalten.
- Disziplinierung und Grenzsetzung der Kinder schwankt zwischen striktestem Durchsetzen und keinerlei Reaktion.
- Entscheidungen werden eher angeordnet als verhandelt.
- Wenig Spielraum für Kinder.
- Unflexibler Umgang mit Regeln (nach Conen 2008, S. 35).

Diese Übersicht zeigt, dass die Arbeit mit dem lösungsfokussierten Programm „Ich schaffs!" mit Kindern aus solchen Familien sehr strukturgebend und und musterunterbrechend gleichermaßen wirken und damit als pädagogische oder therapeutische Intervention sehr unterstützend kann.

Erste Definitionen von Resilienz für den therapeutischen Kontext wurden Anfang der 1970er Jahre vorgelegt. Hintergrund waren Längsschnittuntersuchungen mit benachteiligten Kindern auf Hawaii, die über 40 Jahre lang von 1955 bis 1995 durchgeführt worden waren und einige bisherige psychologische und pädagogische Glaubenssätze zur kindlichen Entwicklung ins Wanken brachten.

Die Psychologin Emmy Werner aus Kalifornien beobachtete und befragte zusammen mit ihrem Team aus Kinderärzten, Psychologen und Mitarbeitenden der Sozial- und Gesundheitsdienste insgesamt knapp 700 Kinder aus armen, dysfunktionalen und beeinträchtigten Verhältnissen auf der Insel Kauai auf Hawai, die dort 1955 geboren wurden. Dabei handelte es sich überwiegend um Kinder von Plantagenarbeitern, die ganz verschiedenen Ethnien angehörten und deren Lebensumstände von geringer Mobilität und einer bescheidenen Infrastruktur in punkto Gesundheitswesen, Bildungssystem und Wohlfahrtspflege gekennzeichnet waren. Man kann die Lebensumstände dieser Kinder getrost als schwierig bezeichnen. Das Team beobachtete nun bei diesen Kindern, die in Armut geboren und desorganisiert aufgewachsen waren, eine Quote von einem Drittel, die ihre beeinträchtigenden Lebensumstände gut überstanden, obwohl bei ihnen teilweise schon vor der Geburt Komplikationen aufgetreten waren und sie in Familien lebten, „in denen chronischer Unfrieden, Scheidung oder elterliche Psychopathologie drohten; und sie wurden von Müttern großgezogen, die weniger als acht Jahre zur Schule gegangen waren" (Werner 2008, S. 30). Zwei Drittel der Kinder zeigten dagegen bis zum Alter von zehn Jahren bereits Lern- oder Verhaltensprobleme oder wurden bis zum Alter von 18 Jahren psychisch krank oder straffällig.

Demgegenüber konnte sich das eine Drittel resilienter Kinder zu kompetenten und selbstbewussten Erwachsenen entwickeln, die weder als Jugendliche noch im Erwachsenenalter besondere Auffälligkeiten oder Lernprobleme im Vergleich zu Gleichaltrigen zeigten.

„Sie absolvierten erfolgreich die Schule, kamen im privaten und gesellschaftlichen Leben gut zurecht, und ihre schulischen und beruflichen Ziele und Erwartungen waren realistisch [Herv. A.B.]. Im Alter von 40 Jahren war keine dieser Personen arbeitslos, keine mit dem Gesetz in Konflikt gekommen und keine auf staatliche Fürsorge angewiesen. Scheidungsrate, Sterblichkeitsrate und die Anzahl chronischer Gesundheitsprobleme lagen bei diesen Personen im mittleren Lebensalter signifikant niedriger als bei den gleichaltrigen Personen gleichen Geschlechts. Ihre schulischen und beruflichen Leistungen waren den Leistungen jener Individuen vergleichbar oder sogar überlegen, die in einem ökonomisch sicheren und stabileren häuslichen Umfeld aufgewachsen waren" (ebd., S. 30 – 31)

Was lässt sich aus dieser und anderen Längsschnittstudien zum Thema menschlicher Resilienz lernen? Aus der Sicht der Resilienzforschung gibt es so etwas wie schützende Faktoren, die wahrscheinlich vorgeburtlich bedingt sind und die Kinder schon im Babyalter dazu befähigen, entsprechende Widerstandskräfte zu entwickeln. Dazu gehört z.B. eine entsprechende Persönlichkeitsstruktur, die dazu führt, dass sie bei den Bezugspersonen als aktiv, liebevoll und gutmütig erscheinen und ein hohes Antriebsniveau zeigen, gesellig und ausgeglichen sind. Bereits im Vorschulalter zeigen resiliente Kinder die Fähigkeit, andere um Hilfe zu bitten, wenn dies erforderlich ist. Resiliente Kinder scheinen auch weniger schmerzempfindlich zu sein als nicht-resiliente. Im Grundschulalter zeigten die Kauai-Kinder bereits beachtliche kommunikative und problemlösende Fähigkeiten. Intelligenz und schulische Kompetenz halfen auch Kindern aus Elternhäusern, in denen psychische Erkrankungen vorkamen, stresserzeugende Lebensereignisse realistisch einzuschätzen und viele Bewältigungsstrategien in Notsituationen und im Alltag einzusetzen. Dennoch waren die Kauai-Kinder nicht überdurchschnittlich intelligent. Die resilienten Kauai-Kinder verstanden es jedoch, ihre Fähigkeiten und Talente effektiv einzusetzen [Herv. A.B.]. Als weiterer schützender Aspekt kommt die Fähigkeit resilienter Kinder hinzu, zu überlegen und zu planen sowie der Glaube daran, dass sie auch in schwierigen Situationen „ihr Schicksal und ihre Lebenswelt durch eigene Handlung positiv beeinflussen können" (Werner 2007, S. 23).

Es könnte sein, dass die Kauai-Kinder ganz einfach auch die Möglichkeit hatten und nutzten, eine sichere Bindung auch außerhalb der eigenen Herkunftsfamilie aufzubauen.

Denn als ganz zentraler Aspekt für die Chance von Kindern, Resilienz zu entwickeln, hat sich die Bindung an eine oder mehrere Bezugspersonen erwiesen. Das bedeutet, in seinen sozialen Beziehungen braucht ein Mensch, um Resilienz zu entwickeln, bestimmte personale Ressourcen: Dazu gehört wie oben ausgeführt zum Beispiel eine stabile emotionale Beziehung zu mindestens einem Elternteil oder einer Bezugsperson außerhalb der Familie, wie Großeltern, Freunde, Nachbarn, Lehrer/-in, Erzieherin, mit welcher eine sichere Bindungsbeziehung möglich ist. Nötig ist auch ein Ort, an dem ein wertschätzendes, offenes Klima herrscht (z.B. Schule, andere Familie) und Stabilität und konstruktive Kommunikation möglich sind (Short; Weinspach 2007, S. 31 – 32).

Es bedarf also insbesondere einer lebensbegünstigenden sozialen Umwelt, damit die Entwicklung von Resilienz bei Kindern und Jugendlichen möglich wird. Dieser wichtige Befund stärkt die Rolle und Bedeutung von pädagogischem Fachpersonal in Kindergärten und Schulen und spricht dafür, dieses sehr viel systematischer als bisher in der Beobachtung, aber auch lösungsfokussierten Begleitung von Kindern zum Beispiel mit einem Programm wie „Ich schaffs!" auszubilden und die Berufsgruppen in Grundschule und Kindergärten mehr aufzuwerten.

Aber auch Projekte wie „Big Brother – Big Sister", in denen ehrenamtliche Helfer verbindliche patenschaftsähnliche Beziehungen oder Mentorenfunktion mit benachteiligten Kindern z.B. aus Migrationsfamilien pflegen und mit diesen wöchentlich etwas außerhalb der Familie unternehmen oder ihnen bei den Hausaufgaben helfen, können die Resilienz fördern und stärken, weil die Kinder hier ein positives Vorbild und die Stabilität einer sicheren Bindung erleben.

Resilienz kann sich neuronal nur entwickeln, wenn das zentrale Nervensystem nicht durch Misshandlung und Gewalteinwirkung zu schwer geschädigt wurde (Werner 2007, S 26). Selbst wenn dies geschehen ist, so wissen wir aus der neueren Trauma Forschung, können positive Emotionen ansatzweise wieder möglich werden, z.B. durch die Vorstellung eines inneren sicheren Ortes. Die positive Imaginationsfähigkeit von Trauma Opfern durch Folter nimmt mit dem Schweregrad der eindeutig Traumatisierung ab, das ist die schlechte Nachricht. Bei leichteren Traumatisierungen z.B. durch Unfälle zeigen sich jedoch neuronale Wiederbelebungen entsprechender Netzwerke im Gehirn (vgl. Menning 2011, S.260).

Resilienz ist daher auch kein Patentrezept nach dem Motto „positiv denken und alle Probleme sind gelöst", sondern zunächst einmal ein Forschungsbefund, der Pädagogen, Psychologen, Erzieherinnen und Lehrende dazu einladen sollte, genauer und sensibler hinzuschauen, welche Verhaltensweisen ein Kind zeigt und was sich daraus ableiten lässt. Außerdem bestätigt dieser Befund die Notwendigkeit präventiver Projekte zur Begleitung von Familien, in denen für Kinder ein Risiko besteht, wie sie mittlerweile z.b. unter dem Stichwort „Early Excellence" als Vernetzungsprojekte zwischen staatlichen Einrichtungen und Ämtern, Kindergärten und Schulen unter aktiver Einbeziehung der Eltern auch in Deutschland konzipiert werden.

Denn: Es bleibt immer eine Gratwanderung zwischen „stresserzeugenden Lebensereignissen, die die kindliche Vulnerabilität verstärken, und schützenden Faktoren im Leben der Kinder [...], die ihre Widerstandskraft stärken. Dieses Gleichgewicht kann sich mit jedem Lebensabschnitt verschieben und es ist auch abhängig vom Geschlecht des Kindes und dem kulturellen Kontext, in dem es lebt." (Werner 2007., S. 27) Wesentlich ist dabei die Hilfe aus dem sozialen Umfeld, um mögliche Risiken frühzeitig zu erkennen. Dabei gelten Jungen als verletzlicher als Mädchen, „wenn sie chronischer und intensiver familiärer Disharmonie in der Kindheit ausgesetzt sind" (ebd.). Dieses Verhältnis verändert sich zu Ungunsten der Mädchen zum Ende der Adoleszenz.

Bewältigungsstrategien oder Coping-Strategien (englisch: to cope with „bewältigen oder überwinden") bezeichnet die Art, wie wir mit als bedeutsam und schwierig erlebten Lebenssituationen umgehen. Dabei wird zwischen adaptiven und maladaptiven Coping Strategien unterschieden. Maladaptive Coping Strategien zeigen eine gelungene Bewältigung der Situation aufgrund vorhandener Ressourcen und Handlungsmöglichkeiten, die zur Lösung führen. Maladaptive Coping Strategien zeigen sich in misslungenen Lösungsversuchen und führen häufig zum Misserfolgserleben. Theoretische Unterstützung zum Coping Konzept wird durch das Transaktionale Stressmodell von Lazarus (1991) beschrieben. In diesem Modell werden Stresssituationen als Wechselwirkungsprozesse zwischen der Anforderung einer Situation und der Handlungsmöglichkeit bzw. der Bewältigung einer Person genannt. Da Stressoren auf Menschen unterschiedlich wirken und diese verschieden darauf reagieren, stellt Lazarus die Bewertungsfunktion in den Vordergrund. D.h. es kommt darauf an, wie ein Stressor bewertet wird. Dabei unterscheidet er drei Abstufungen auf die ein Individuum reagieren kann, die Situation als Herausforderung, als Bedrohung oder als Schädigung zu bewerten. Aufgrund von Erfolgs- oder Misserfolgsrückmeldung lernt das Individuum in zukünftigen Situationen selektiv zu reagieren und bereits vorhandene Bewältigungsstrategien einzusetzen.

3.1 Salutogenese und Resilienz

Ähnlich wie die Resilienzforschung betont auch die Gesundheitsforschung die stärkenden Faktoren in schwierigen Situationen. Ein solcher ist die sog. Koheränz:

> *„Das Kohärenzgefühl ist eine globale Orientierung, die ausdrückt, in welchem Ausmaß man ein durchdringendes, dynamisches Gefühl des Vertrauens hat, dass die Stimuli, die sich im Verlauf des Lebens aus der inneren und äußeren Umgebung ergeben, strukturiert, vorhersehbar und erklärbar sind; einem die Ressourcen zur Verfügung stehen, um den Anforderungen, die diese Stimuli stellen, zu begegnen; diese Anforderungen Herausforderungen sind, die Anstrengung und Engagement lohnen."* (Antonovsky 1997, S. 36)

Beim Salutogenese-Konzept nach Antonovsky steht das Kohärenzgefühl im Mittelpunkt und wird durch drei zentrale Aspekte beschrieben, die einem Mensch in schwierigen Lebensumständen oder Krisen bei der Bewältigung helfen können: Den Gefühlen von *Verstehbarkeit, Handhabbarkeit* sowie *Sinnhaftigkeit* einer Situation. Das bedeutet im Einzelnen: *Verstehbarkeit:* Die Fähigkeit, aus einzelnen wirr erscheinenden Ereignissen einen verstehbaren Zusammenhang herstellen zu können und Erklärungen dafür zu finden.

> *„So kann die Erklärung eines katastrophalen Geschehens als Strafe Gottes oder als schlag des Schicksals durchaus hilfreich sein, um dieses Geschehen zu bewältigen [...] Was als sinnvoll interpretiert wird, entwickelt sich gar nicht erst zur andauernden stressgenerierenden Anspannung [...]* (Menning 2011, S.259)

Handhabbarkeit: Bedeutet im Sinne der Salutogenese das Gefühl, in einer belastenden Situation selbst noch (mit-)steuern zu können und nicht bloß Opfer der Umstände zu werden.

Sinnhaftigkeit: Meint die Fähigkeit, Herausforderungen und Belastungen von Situationen als wichtig und bedeutsam einzustufen und dementsprechend das Stressniveau wieder herunter zu regulieren (ebd, S. 259) Ähnlich äußert sich die menschliche Resilienz. Es lassen sich folgende Arten von Resilienz-Phänomenen unterscheiden:

a) Die Risikopersonen entwickeln sich besser, als es den Umständen nach zu erwarten wäre.

b) Trotz massiver Belastungen kann eine günstige Balance im Sinne einer Anpassung an die Situation beibehalten werden.

c) Nach traumatischen Ereignissen (wie Tod naher Angehöriger, Gewalt oder Kriegserlebnissen) tritt eine erfolgreiche und schnelle Genesung ein (vgl. Short; Weinspach 2007, S. 30).
Verschiedene Studien zur Resilienzforschung mit kriegstraumatisierten Kindern und Jugendlichen aus dem sog. Multiproblem-Milieu haben u.a. folgende Faktoren als günstig für die Entwicklung menschlicher Resilienz gezeigt:

d) Persönlichkeitsstrukturen, die schon im Babyalter Aufmerksamkeit und soziale Unterstützung durch externe Bezugspersonen erleichtern.

e) Selbstvertrauen, Erfahrungen von Selbstwirksamkeit und ein positives Selbstwertgefühl

f) Problemlösefähigkeiten.

g) Hohe Sozialkompetenz,

h) Coping-Strategien als Fähigkeit, soziale Unterstützung zu mobilisieren (Short; Weinspach 2007, S. 31).

Beobachtungen resilienter Menschen haben gezeigt, dass diese insbesondere aus ihrer inneren Haltung die Kraft schöpfen, beweglich und widerständig gleichermaßen auf beeinträchtigende Situationen zu reagieren. Zu einer resilienten Haltung können weiterhin gehören:
Optimismus

Damit ist der Glaube resilienter Menschen daran gemeint, dass auch die schwierigste Situation begrenzt ist und einmal aufhören wird – vielleicht nach dem Motto Steve de Shazers: Kein Mensch hat 24 Stunden am Tag nur Symptome. Es muss auch Ausnahmen geben, und seien sie noch so kurz. Nach einer Krise kann es zwar möglicherweise noch schwieriger werden, aber danach geht es bestimmt bergauf. Auch wenn es dieses Mal noch nicht geklappt hat, so die resiliente Grundhaltung, dann klappt es bestimmt beim nächsten Anlauf. Optimismus ist letztlich für alle Arten menschlicher Lernprozesse unerlässlich, denn Lernprozesse sind ja häufig sehr langwierig und von vielen Rückschlägen begleitet.

Akzeptanz und Kraftquellen

Menschen neigen dazu, unangenehme Situationen nicht wahrhaben zu wollen oder sie zu verleugnen. Auch wenn sie dadurch nicht erträglicher werden, schaffen sich resiliente Menschen bestimmte *Kraftquellen*, die ihnen helfen, eine unerwünschte und unerträgliche Situation besser durchzustehen. Solche Kraftquellen können beispielsweise Religionen und Glaube sein. Bei Kindern kann das (Er-) Finden solcher Kraftquellen eine wichtige Strategie bei der Suche nach neuen Verhaltensmustern darstellen. Sicher nicht zufällig spielt die Suche danach im „Ich schaffs!" Programm eine wichtige Rolle. Akzeptanz bedeutet nicht, Dinge gutzuheißen, die nicht gutzuheißen sind, wie etwa Gewalt und Missbrauch, sondern Akzeptanz als Haltung für Resilienz bedeutet, die Dinge so anzunehmen, wie sie sich momentan darstellen, ohne sie zu verleugnen.

Lösungsfokussierung

Resiliente Menschen können durchaus auch Klagende sein. Klagen hat eine wichtige entlastende Funktion für uns. Der „Dreh" der Gedanken in Richtung Lösungsorientierung lenkt die Aufmerksamkeit jedoch weg von der beklagenswerten Gegenwart auf die bessere Zukunft und lenkt die Energie zu der Frage, wie diese optimal gestaltet und die Zeit bis dahin gut überbrückt werden kann. Damit in Zusammenhang steht auch das Verlassen der Opferrolle („mit mir wird etwas gemacht") und die Übernahme von Verantwortung („wofür bin ich zuständig und was kann ich eigenverantwortlich gestalten?") In kritischen Lebenssituationen sinkt das Selbstwertgefühl häufig stark ab. Durch die Fokussierung auf Lösungen und das Übernehmen von Verantwortung kommt es zu einer viel aktiveren Haltung, die mit einer Steigerung des Selbstwertgefühls einhergeht. Genau diese „Drehbewegung" von der Fokussierung weg vom Problem und hin zu den Fähigkeiten ist daher ein zentraler Aspekt bei „Ich schaffs!".

Überwindung der Opfer-Perspektive

Ähnlich sieht es bei der Überwindung der Opferperspektive und der Stärkung der Selbstwirksamkeit aus. Resiliente Menschen schlüpfen aus ihrer Opfer-Rolle heraus bzw. gelangen erst gar nicht (lange) in diese Haltung. Sie schätzen die Situation realistisch ein und sehen auch ihre eigene Beteiligung an der Krise. Es ist ihnen bewusst, dass es äußere Umstände gibt, auf die sie keinen Einfluss haben. Daher konzentrieren sie sich auch auf das, was sie verändern können und dies trägt letztlich wieder zu ihrer Selbstwirksamkeit bei, d.h. ihre Fähigkeiten und Stärken werden aktiviert (Wolter, 2005). Bei Kindern verläuft dieser Perspektivwechsel natürlich altersgemäß.

Verantwortung übernehmen

Die Verantwortung für sich und sein Leben zu übernehmen gehört zum resilienten Verhalten. Bei jeder Entscheidung, die wir treffen, liegt in unserer Verantwortung auch bereit zu sein, die damit verbundenen Konsequenzen zu tragen. Dazu zählt auch eine gewisse Reife, sich bezüglich einer getroffenen Entscheidung zu positionieren und diese auch zu verteidigen (Wolter, 2005).

Netzwerk-Orientierung

Wie schon weiter oben erwähnt, hat es sich besonders nach traumatischen Ereignissen sich gezeigt, dass Menschen bessere Chancen der seelischen Heilung haben, wenn sie damit nicht alleine bleiben, sondern Unterstützung und soziale Wärme erfahren. Nötig sind dazu (professionelle) Begleitpersonen, die empathisch und feinfühlig beistehen, heikle Situationen angemessen begleiten können, ohne zu beschönigen oder zu dramatisieren (vgl. v. Schlippe/Grabbe 2007).

Zukunftsplanung

Resiliente Menschen zeichnen sich durch Zielorientierung aus und rechnen gleichzeitig das Wechselgefälle des Lebens mit ein. Sie lassen sich nicht durch negative Wendepunkte im Leben wie zum Beispiel Tod eines Angehörigen, Berufswechsel oder aber auch positive Lebensereignisse wie die Geburt eines Kindes oder die Hochzeit aus dem Gleichgewicht bringen. Sie wissen, dass das Leben aus Berg- und Talfahrten besteht und rüsten sich im Vorfeld schon auf etwaige Pannen aus. Darüber hinaus lernen resiliente Persönlichkeiten aus ihren Erfahrungen und dies ermöglicht ihnen, zukünftige Situationen besser zu lösen (Wolter, 2005). Gerade diesem Aspekt wird bei „Ich schaffs!" als Abschluss-Intervention besonders Rechnung getragen.

3.2 Eine (typische?) Resilienz-Biografie

Hilfreich kann manchmal der (besonders in der amerikanischen Einwanderungs-Kultur stark strapazierte) Blick auf den Lebenslauf bedeutsam gewordener Persönlichkeiten sein, die im Leben nicht nur auf der Sonnenseite standen. Diese haben auf Erwachsene eine ähnlich hypnotische Wirkung wie Märchen auf Kinder..... Gerne kolportiert wird in der lösungsfokussierten Szene das Leben und Wirken Milton Eriksons:
Der amerikanische Arzt und Psychiater Milton Erickson (1901 – 1980) gilt als Begründer der modernen Hypnotherapie und medizinischen Hypnose. In den 1940er Jahren hat er einen ganz eigenen Therapieansatz für psychotische Patienten entwickelt, die damit erstmals außerhalb einer psychiatrischen Anstalt behandelbar wurden. Dies geschah zu einer Zeit, in der es außer der lange dauernden Psychoanalyse kein anerkanntes Therapieverfahren für klinische Therapien gab. Erickson kann auch als einer der Begründer der modernen Familientherapie gelten, denn er war es, der die Angehörigen seiner Patienten in seine Therapiesitzungen einlud. Erickson „war Wegbereiter für strategische und kurze Ansätze in der Psychotherapie" (Short/Weinspach 2007, S.15) und er leitete damit einen Paradigmenwechsel ein, der sich bei uns erst in den letzten Jahren allmählich durchzusetzen beginnt: Dass eine erfolgreiche therapeutische Behandlung nämlich auch kurz sein kann und darf. Erickson hatte aufgrund seiner eigenen biografischen Erfahrungen die Idee, dass eine wirksame Behandlung im Inneren des Patienten wirksam sein und dort hauptsächlich auf seine Ressourcen und Fähigkeiten ausgerichtet sein sollte. Milton Erickson arbeitete u.a. zusammen mit Persönlichkeiten wie Jay Haley (einem der Mitbegründer der Familien-

therapie), Gregory Bateson (Philosoph), Margaret Mead (Anthropologin), Lewis Wolberg (Pionier der medizinischen Hypnose) sowie dem Psychoanalytiker Lawrence Kubie.

Milton Erickson war der zweitälteste Sohn, er stammte aus einfachen ländlichen Verhältnissen. Sein Vater war Farmer und Minenarbeiter, seine Mutter bekam insgesamt neun Kinder und war Hausfrau. Die Eltern erlebte er als starke Persönlichkeiten, die versuchten, ihren Kindern trotz ihrer Armut ein geborgenes Zuhause zu schaffen. Milton war schon als Kind mehrfach behindert: Er war farbenblind, hatte verschiedene Sehfehler und eine Leseschwäche. Außerdem hörte er schlecht. Mit siebzehn Jahren erkrankte er zusätzlich schwer an Kinderlähmung, einer zur damaligen Zeit sehr gefährlichen Krankheit. Als ein biografisches Schlüssel Ereignis für seine Resilienz, das oft zitiert wird, gilt die Szene, in der der junge Milton abends mit hohem Fieber im Bett lag und den behandelnden Arzt seinen Eltern mitteilen hörte, es stünde so schlimm um ihn, dass ihr Sohn diese Nacht wahrscheinlich nicht überleben werde. Obwohl Milton sich kaum artikulieren konnte, regte er sich darüber furchtbar auf, da er fand, dass niemand das Recht habe, einer Mutter zu sagen, dass ihr Kind bald sterben werde. Er jedenfalls wollte noch nicht sterben!

> *„Milton fühlte, dass er dieser negativen Ankündigung trotzen muss-*
> *te, und er nutze seine schwache Stimme, um seiner Mutter zu sagen,*
> *dass sie die Kommode in einen bestimmten Winkel zu seinem Bett*
> *verschieben sollte. Sie dachte, er wäre im Delirium. Für ihn war es*
> *dadurch aber möglich geworden, in den Flur und von da aus durch*
> *das Fenster eines anderen Zimmers zu schauen, das nach Westen*
> *zeigte. Später erklärte Erickson: ‚Ich hätte mich verflucht, wenn ich*
> *gestorben wäre, ohne noch einmal einen Sonnenuntergang zu*
> *sehen‘. Nachdem er den Sonnenuntergang gesehen hatte, verlor er*
> *für drei Tage das Bewusstsein. Als er aufwachte, war der überwie-*
> *gende Teil seines Körpers gelähmt. Lediglich seine Augen konnte er*
> *noch bewegen und nur unter großen Schwierigkeiten sprechen"*
> *(Short/Weinspach 2007, S. 17 – 18).*

Während der folgenden Zeit beschäftigte sich Erickson mit der Wahrnehmung von Geräuschen. So achtete er zum Beispiel auf den Klang von Schritten im Haus. Eines Tages musste seine Familie ihn alleine zu Hause lassen. Sie setzten ihn in einen Schaukelstuhl und banden ihn fest, damit er aufrecht sitzen konnte. In dieser Situation hatte Erickson ein Schlüsselerlebnis: Er ärgerte sich, denn er fand die Position des Schaukelstuhl ungünstig, da er so nicht aus dem Fenster schauen konnte. Er wünschte sich, näher am Fenster sitzen zu können, damit er etwas von der Außenwelt mitbekommen konnte. Während er darüber nachsinnierte, bemerkte er, wie der Schaukelstuhl plötzlich anfing, langsam hin- und her zu schaukeln....

> *„Sein Fortschritt kam in sehr kleinen Portionen. Als Erstes spürte er ein unwillkürliches Zucken in einem Finger. Dann lernte er, die Bewegung bewusst zu initiieren. Im Laufe der Zeit erlernte er die unkoordinierte Bewegung mehrerer Finger. Als nächstes entwickelte er spezielle isometrische Übungen, die ihm dabei halfen, seine Bewegungen zu koordinieren"* (Short/Weinspach 2007, S.18-19).

Um wieder laufen zu lernen, beobachtete Milton Erickson seine kleine Schwester, die das gerade lernte. Er teilte ihr Handeln in Bewegungssequenzen ein, die er als Übung nutzte. Auch das Aufstehen schaute er sich bei seiner kleinsten Schwester ab:

> *„Nimm deine beiden Hände als Ausgangsbasis, stell die Beine nebeneinander ab, bilde aus den Knien eine breite Basis, und dann gib etwas mehr Druck in einen Arm und eine Hand, um aufzustehen"* (Erickson 1983 zit. n. Short/Weinspach 2007, S.19).

Ericksons Erfahrung, die Macht der Gedanken mit körperlichen Elementen zu verbinden, bildete ein weiteres Schlüsselereignis für seine Genesung und Resilienz. Im Anschluss daran unternahm er alleine eine Kanutour, um seine geschwächten Muskeln wieder aufzubauen. Innerhalb von 11 Monaten gelang es ihm, wieder an Krücken zu gehen und deutlich zu sprechen. Diese biografischen Erfahrungen prägten Erickson zeitlebens und er behielt den Grundsatz bei, dass Unzulänglichkeiten, Einschränkungen und „Fehler" als wertvolle Lernerfahrung gesehen und nicht pathologisiert werden sollten.

Milton Ericksons weiteres Leben war gesundheitlich immer wieder geprägt von Krankheiten und regelrechten Katastrophen. Persönlich und familiär hingegen war er glücklich und zufrieden. Er blieb jedoch immer gesundheitlich eingeschränkt und auf Hilfen angewiesen. Gegen Ende seines Lebens saß er im Rollstuhl. Aus dieser Lebenssituation heraus entwickelte er als Psychologe und Psychiater ein tiefes Verständnis für die Belange seiner Patienten. Seine hypnotherapeutischen Interventionen wurden getragen von seinen eigenen biografischen Erfahrungen, die durch Entschlossenheit, Zuversicht und Hoffnung gekennzeichnet waren.

Ericksons Resilienz bezog sich hauptsächlich auf gesundheitliche Aspekte, da er körperlich am stärksten beeinträchtigt war. In seinen sozialen Beziehungen erlebte er immer familiäre Aufmerksamkeit und Zuwendung, was ihn sicherlich darin unterstützte, seine resiliente Haltung besonders stark auszuprägen. Ericksons Biografie zeigt, dass Resilienz von der sozialen Umwelt durch entsprechende Beziehungsgestaltung gefördert werden kann.

„Die Ideen, die er in der Therapie vertrat, waren dieselben, nach denen er sein Leben ausrichtete. Er besaß eine tiefe Wertschätzung für die Stärke, die aus der Bereitschaft erwächst, ein persönlich bedeutsames Ziel zu setzen und dann etwas zur Verwirklichung dieses Ziels zu unternehmen. [...] Er förderte die Resilienz in seinen Patienten, indem er auf strategische Weise ihre latenten Fähigkeiten aktivierte. Das war ein wichtiger Teil seiner Auffassung von Heilung. Er glaubte, dass jeder Mensch seine persönliche Antwort auf jegliche Art von Herausforderungen in sich trägt. Aufbauend auf einem Gerüst kleiner Erfolge verstärkte er die Resilienz des Individuums durch gewinnende, unmittelbare Erfolge, die in die Zukunft weisen" (Short/Weinspach 2007, S. 25-26).

Genau diese Philosophie versuchen wir, in der lösungsorientierten Beratung und versucht Ben Furman bei „Ich schaffs!" anzuwenden. Milton Erickson kann als ganz persönlicher Begründer dafür angesehen werden.

3.3 Das systemische Modell familialer Resilienz

Abschließend soll ein anderes, praktisches Modell zur konkreten Arbeit mit belasteten Familien vorgestellt werden, welches das Resilienz-Konzept quasi als Kompass benutzt und weiterentwickelt, um solche Familien nachhaltig zu stärken. Es wurde Ende der 1980er Jahre in USA am Chicago Center for Family Health entwickelt und u.a. auch zur Beratung von Angehörigen der Opfer des 11. September eingesetzt (Walsh 2008). Grundgedanke ist hier die Hypothese, dass viele Wege zur Resilienz führen und dass es wichtig ist, Abschied zu nehmen von der Fokussierung auf das jeweilige Individuum und seiner Pathologie, wie sie sich in der Diagnostik der westlichen Welt (z.B. ICD 10) etabliert hat. Gleichzeitig geht man davon aus, dass Familien heute in ihren besonderen Lebenslagen und Situationen kontextualisiert werden müssen im Hinblick auf ihre jeweiligen Wertvorstellungen, Strukturen, Ressourcen und lebenszyklische Aufgaben, und dass diese Kriterien sich familienspezifisch sehr unterscheiden können.

Im familientherapeutisch ausgerichteten Konzept nach Walsh wird Resilienz als eine dynamische Fähigkeit verstanden, „zerrüttenden Herausforderungen des Lebens standzuhalten und aus diesen Erfahrungen gestärkt und bereichert hervorzugehen" (Walsh 2008, S. 43). Zielgruppen sind z.B. Familien in Migrationsprozessen nach Flucht und Vertreibung oder durch Katastrophen Traumatisierte, aber auch Kinder aus Familien mit psychisch- oder abhängigkeitskranken Elternteilen. Das Besondere an diesem Konzept ist, dass es den in der klassischen Resilienz-Forschung vorherrschenden Fokus radikaler Individualisierung überwindet und eine systemische Netzwerkperspektive einnimmt. Wie wir bisher gesehen haben, neigt die klassische Resilienz-Forschung dazu, sich sehr für das resiliente Individuum und seine charakterlichen Stärken und Widerstands-Strategien zu interessieren. Neuere Forschungen haben jedoch nahegelegt, dass „es bei der Entstehung von Resilienz auf die Interaktion zwischen Anlage und Umwelteinflüssen ankommt" (ebd. S. 45).

Das Modell familialer Resilienz richtet sich also nicht nur an die einzelnen Individuen in der jeweiligen Familie, und auch nicht ausschließlich auf die dort vorhandenen Defizite, sondern lenkt die Aufmerksamkeit auch auf das Wechselspiel zwischen Risiko und Resilienz in der ganzen Familie als System. Es wird aufgrund familientherapeutischer

Erfahrung davon ausgegangen, dass Krisen, widrige Lebensumstände und Katastrophen das ganze System Familie (evt. sogar über mehrere Generationen hinweg) beeinflussen und steuern können, je nachdem, wie die Familie auf die kritische Situation reagiert. Leiden oder Resignation kann aus dieser Sicht dadurch entstehen, dass eine Familie bisher erfolglos versucht hat, mit einer schwierigen Lebenssituation umzugehen und sie zu lösen.

„Starke Belastungen können die Funktionsweise eines Familiensystems zusammenbrechen lassen, wobei sich die Wirkungen davon allmählich auf alle Familienmitglieder und ihre Beziehungen ausbreiten. Durch Schlüsselprozesse der Resilienz wird das Familiensystem befähigt, sich von Krisen zu erholen, Belastungen abzufedern, das Risiko der Dysfunktion zu verringern und eine optimale Anpassung an neue Lebensumstände zu unterstützen" (ebd. S. 47).

Das Konzept familialer Resilienz baut darauf, durch Krisen oder widrige Lebensumstände geschüttelte Familien darin zu stärken, neue Erkenntnisse für sich und über sich zu gewinnen und neue Fähigkeiten auszubilden, anstatt sich konflikthaft zu zerfleischen und auseinander zu fallen, wie es häufig geschieht. Stattdessen wird die Familie eingeladen, stärker in soziale Beziehungen zu investieren, ihre Prioritäten und Ziele neu zu bewerten und die Krisen gemeinsam gestärkt durchzustehen. Aber auch Familien, bei denen weder Armut noch Risiken akut sind, können mit dem Konzept familialer Resilienz ihr Selbstwertgefühl und ihre Ressourcen präventiv stärken und ihre Verwundbarkeit bei Krisen damit senken.

„Bei dem vorliegenden Ansatz sieht man Eltern und Familien nicht mehr aus einer Perspektive, die sie als irreparabel beschädigt erscheinen lässt, sondern richtet seinen Blick auf Personen, die von den Widrigkeiten des Lebens herausgefordert sind und das Potenzial haben, Heilung und Wachstum bei jedem Einzelnen der Familienmitglieder zu fördern. Anstatt sogenannte Überlebende aus ‚dysfunktionalen Familien' zu befreien, begegnet man leidenden Familien mit Respekt und Mitgefühl für ihre Anstrengungen, bestätigt ihr Potenzial an Korrekturmöglichkeiten und lockt ihre besonderen

Qualitäten hervor. Wenn man die Resilienz einer Familie fördert,
hat dies zwei Ziele: Einerseits die dysfunktionalen Momente in der
Familie abzuwenden oder zu verringern und andererseits die fami-
liale Funktionsweise und das Wohlbefinden der Familienmitglieder
zu steigern" (Walsh 2008, S. 49).

In der Beratungsarbeit fokussieren sich die Beratenden nach diesem
Konzept in den Interviews mit betroffenen Familien(mitgliedern) u.a.
auf verschiedene Wege, die eine Familie zur Resilienz führen können
oder in der Vergangenheit schon geführt haben; auf den spezifisch
familialen Lebenszyklus im Kontext mehrerer Generationen (im Netz
der Verwandtschaft) sowie auf mögliche Vermächtnisse der Vergangenheit (z.B. bei posttraumatischen Stresserlebnissen oder bisher unbear-
beiteten Verlusten/Traumata aus der Vergangenheit). Eine daraus resul-
tierende systemische Erkenntnis ist auch, dass viele Familien in eine
Krise geraten, wenn sie „in einem lebenszyklischen Übergang an einen
Punkt kommen, der in einer früheren Generation mit einem Trauma
verbunden war" (ebd. S. 53). Deshalb erfolgt die Beratung immer systemisch und kontextbezogen und weniger individuumsbezogen. In den
Gesprächen wird versucht, eine Chronologie der familialen Ereignisse
herzustellen und die Symptome im zeitlichen und sozialen Kontext zu
sehen. Dabei ist die Arbeit mit dem Familien-Genogramm eine wichtige
Ressource, um Informationen über die Familie und ihr Beziehungsnetz
einzuordnen.

Folgendes interkulturelle Fallbeispiel aus dem Chicago Center for Family Health soll dieses Beratungskonzept illustrieren.

1998 wurde das Chicago Center for Family Health gebeten, nach seinem resilienzbasierten Ansatz ein Beratungsangebot für bosnische
Flüchtlinge und später für albanische und kosovarische Familien vorzu-
legen. Es handelte sich jeweils um Flüchtlinge, die Opfer der „ethni-
schen Säuberungen" der Serben im Kosovo und in Bosnien geworden
und von Folter, Vergewaltigung, Mord sowie dem Verlust ihrer Angehörigen, ihrer Häuser und Gemeinden betroffen waren.

„Unser auf familiale Resilienz gerichteter Ansatz wurde deshalb ausgewählt, weil die man traditionelle psychologische Beratung und Betreuung von Flüchtlingen vor allem, was die defizitbasierte Behandlung einer posttraumatischen Belastungsstörung [...] mit ihrem verengten Blick auf die Behandlung einzelner Sympotme für wirkungslos und pathologisierend hielt. Die üblichen sozialen Dienste gaben den Immigranten zwar Unterstützung bei der Assimilation und Anpassung an die Aufnahmegesellschaft, hatten aber meist keine Antwort auf die traumatischen Erlebnisse und Verlusterfahrungen der Flüchtlinge und gingen kaum auf deren Bedürfnis ein, ihren kulturellen Wurzeln nachzuspüren. Bei unserem Vorgehen ist es dagegen so, dass die Flüchtlinge als psychisch gesunde Menschen gesehen werden, von denen die einen natürlich mehr, die anderen weniger unter ihrer abnormen und zutiefst traumatisierenden Erfahrung leiden. Unserer Erfahrung nach wird von Experten für psychische Gesundheit oft unterschätzt, wie sehr die Betroffenen sich schämen, wenn sie anderen von ihren Verwundungen und ihrem Leiden erzählen sollen. Therapeuten, die nach dem Resilienzansatz arbeiten, orten das Trauma nicht im Individuum, sondern in der extremen Situation, die es erlebt hat. Die Flüchtlingsfamilien, mit denen wir gearbeitet haben, fühlten sich durch unser Vorgehen respektiert, in ihrer Heilung unterstützt und in ihrer Bewältigungsfähigkeit gestärkt" (Walsh 2008, S. 57).

Das Beratungskonzept umfasste sog. Mehrfamiliengruppen, die neun Wochen lang intensiv betreut wurden. Die Treffen fanden in den Wohnvierteln der Familien in sehr angenehm gestalteten Räumlichkeiten statt, die für die Betroffenen gut erreichbar waren. Die Teams bestanden aus amerikanischen Familientherapeuten und Co-Moderatoren aus den jeweiligen Herkunftsländern der betroffenen Familien. Der Fokus der Beratung richtete sich auf die Bedeutung der Familie und ihre Kompetenzen, die sie die traumatischen Situationen hatten überleben lassen. Gleichzeitig wurden parallel dazu resilienzbasierte Schulungen in Prishtina für die überlebenden Mitglieder der Familien durchgeführt (ausführlicher bei Walsh 2008, S. 58 ff).

Als Kompass für eine resilienzbasierte Beratung mit Familien werden u.a. folgende Themen in den Interviews besprochen und abgefragt (vgl. Walsh 2008, S. 60 ff.).

Überzeugungen in der Familie

Wie gelingt es der Familie, in widrigen Lebensumständen einen Sinn zu finden? Wie schafft sie es, trotz widriger Umstände und Leidens ihrem Leben einen Anstrich von Normalität zu geben? Wie kann die Krise als verstehbare Herausforderung angesehen werden?

Transzendenz und Spiritualität

Welche übergeordneten Werte, Religiosität, Glaubenssätze, Rituale, Inspirationen, Kreativität, soziales Handeln prägen die Familie?

Verbundenheit

Wie sieht die gegenseitige Unterstützung, Zusammenarbeit und Verbindlichkeit aus? Gibt es Respekt vor den Bedürfnissen, Unterschieden und Grenzen der einzelnen Familienmitglieder? Welche Möglichkeiten zur Versöhnung nach verletzten Beziehungen gibt es? Welche zu neuen Verbindungen?

Soziale und ökonomische Verbindungen

Welche sozialen, verwandtschaftlichen und umfeldbezogenen Netzwerke lassen sich mobilisieren? Welche alternativen Rollenvorbilder und Bezugspersonen gibt es? Wie lassen sich finanzielle Sicherheiten aufbauen?

Kommunikation und Gefühle

Wie lassen sich eindeutige, in sich stimmige Botschaften in Wort und Tat finden und kommunizieren (im Gegensatz etwa zu den sog. Doppelbotschaften)? Wie können Gefühle in der Familie miteinander geteilt werden? Wie lässt sich gegenseitige Empathie zeigen und Unterschiedlichkeit respektieren? Wie kann die Verantwortung für eigene Gefühle und Verhaltensweisen übernommen werden? Wie kann eine angenehme Interaktionssituation mit Humor und Ruhepausen aussehen?

Gemeinsame Problemlösung

Welche kreativen Ideen lassen sich entwickeln? Wie sieht eine gemeinsame Entscheidungsfindung aus (Aushandlungsprozesse, Fairness, Reziprozität)? Welche Ziele können fokussiert werden? Wie könnte eine proaktive Haltung aussehen (zur Prophylaxe gegen zukünftige Herausforderungen)?

In Deutschland hat sich insbesondere in Berlin das Konzept der aufsuchenden systemischen Familientherapie entwickelt (Conen 2008). Dabei werden sog. Jugendhilfefamilien – also Familien, die mindestens im Hinblick auf die Versorgung ihrer Kinder auffällig geworden sind – in Zusammenarbeit mit den Sozialarbeitenden vom Jugendamt von zwei systemischen Familientherapeut/-innen zu Hause aufgesucht. Ziel dieser Arbeit ist es, in einem meist langwierigen Prozess zu versuchen, die oben beschriebenen dysfunktionalen Strukturen und Muster in der Familie auf der Basis familialer Resilienz so zu verändern, dass all das, was die Familie an Positivem aufzubieten hat, gefördert und so gestärkt wird, dass funktionalere Strukturen entstehen können. Dies funktioniert jedoch nicht im Alleingang, sondern nur mit einer guten Vernetzung aller beteiligten Helfersysteme sowie der Kooperation mit dem Jugendamt als Auftraggeber.

Fazit

Resilienz als Forschungsprogramm und als Haltung kann gerade in chaotischen und unsicheren Zeiten wie den gegenwärtigen eine enorme Kraft darstellen und Alternativen zur Resignation und zum Abdriften in Leid und Störungen aufzeigen.

> *„Die Paradoxie des Resilienzkonzeptes besteht darin, dass die schlimmsten Zeiten in einem Menschenleben zugleich auch das Beste hervorbringen. Eine Krise kann dazu führen, dass Lernbereitschaft, Veränderung und Wachstum eines Menschen ungeahnte Richtungen einschlagen"* (Walsh 2008, S.68)

Zusammenfassend kann Resilienz also als eine Art „Überblick" verstanden werden, als Kraftquelle eines Menschen auch in schwierigen und unüberschaubaren Zeiten, sich als „Frau oder Herr der Situation" zu verstehen und Handlungsmöglichkeiten zu entwickeln und umzusetzen. Wie wir an den drei Fallbeispielen gesehen haben, besteht eine optimale Resilienz-Konstellation aus der wahrgenommenen Herausforderung der Situation und den damit vorhandenen Bewältigungsstrategien und Kompetenzen, wie den internalen Faktoren (Persönlichkeitseigenschaften, Selbstwirksamkeitserwartungen, Selbstregulationsmechanismen) und den externalen Ressourcen, wie dem familiären Hintergrund, Arbeitskontext, Finanzen und der sozialen Unterstützung.

Auch in Unternehmen wird Resilienz als Konzept zunehmend interessant vor dem Hintergrund nicht nur der demografischen Situation, sondern auch durch ansteigende Belastungen der Mitarbeitenden wie vermehrter Druck, Angst vor Verlust des Arbeitsplatzes, finanzielle Sorgen, Umstrukturierungen, Versagensängste, fehlender Freizeitausgleich usw. Es ist gut zu wissen, dass nicht jedes „Trauma traumatisiert", wie es Rosmarie Welter-Enderlin (2008, S. 139) einmal etwas salopp formuliert hat, und dass wir Menschen von der Natur offensichtlich auch eine gewisse Dosis an Widerstandskräften mitbekommen haben, die es gerade in krisenhaften Zeiten gezielt zu nutzen – und von Seiten der Beratenden – zu fördern gilt, anstatt im Fokussieren auf die Probleme und im Jammern darüber zu versinken. Es ist deutlich geworden, dass auch junge Menschen mit Bindungsproblematiken durch eine entsprechend feinfühlige Arbeit mit Ich schaffs sichere Bindungen erwerben und ihre Resilienz stärken können.

Programme wie „Ich schaffs!" können also, wenn sie richtig angewandt werden, einen konkreten und wichtigen Beitrag dazu leisten, die Selbsterhaltungs- und Selbstheilungskräfte von Kindern und Jugendlichen, aber auch ihrem pädagogisch-psychologischen Fachpersonal zu stärken und den Blick auf eine wertschätzende Beziehungsgestaltung, realistische Lernprozesse und positive Gefühle lenken. Das ist viel Ertrag mit relativ wenig Aufwand, ohne gleich therapeutisches Wundermittel sein zu wollen. Ich würde mich freuen, wenn das Konzept noch mehr Eingang in die pädagogische und therapeutische Praxis finden und sich dort verstetigen würde.

Anja Becker, Ariane Bentner

ELF FRAGEN AN BEN FURMAN

1.   Wie und wann entstand das Programm „Ich schaffs"?
Ich arbeitete damals als Supervisor für die Mitarbeiter der Heilpädagogik-Abteilung der Keula Vorschule in Helsinki. Diese Abteilung ist spezialisiert auf die Arbeit mit verhaltensauffälligen Kindern. Gemeinsam mit den Lehrern versuchten wir, aufbauend auf der Kurzzeit-Therapie und lösungsfokussierten Therapie einen Ansatz zu entwickeln, der zu einer verbesserten Kooperation mit den Eltern führen, aber auch die Kinder zu einer aktiveren Beteiligung im Rahmen der Behandlung verpflichten sollte. Hierzu starteten wir mit der Entwicklung eines Arbeitsbuches für die Kinder. Jedes Kind sollte sein eigenes, buntes Arbeitsbuch haben, das ihm Struktur und Hilfestellung bei der Kommunikation mit den Eltern ermöglichen sollte.

Das von uns entwickelte Arbeitsbuch war lösungsfokussiert. „Probleme" tauchten im Arbeitsbuch nicht auf. Stattdessen waren Abschnitte vorgesehen für:

- Fähigkeiten zum Lernen
- Fähigkeiten, über die das Kind bereits verfügte,
- Ressourcen des Kindes,
- Menschen, die dem Kind helfen wollen
- Wie soll das Erlernen der Fähigkeiten gefeiert/gewürdigt werden, etc.

Wir stellten fest, dass bei Kindern das Ziel der Behandlung fast immer das Erlernen einer Fähigkeit ist. Gewöhnlich ist es das Erlernen sozialer Fähigkeiten wie das Spielen mit anderen Kindern, das Kontrollieren von Wut oder zu warten, bis man an der Reihe ist.

Um Motivation sicherzustellen war es wichtig, dass Eltern und auch die Kinder involviert sind bei der Entscheidung darüber, welche Fähigkeiten die Kinder lernen sollen. Das Personal konnte natürlich Fähigkeiten vorschlagen, aber die Entscheidung über die zu erlernenden Fähigkeiten des Kindes lag bei seinen Eltern und dem Kind selbst.

So entstand „Ich schaffs!".

2. Gab es ein bestimmtes Ereignis, das zur Entwicklung des Programms führte?

Es gab für mich einen besonderen Vorfall, noch bevor ich Supervisor der Lehrer der Keula Vorschule wurde. Ich supervidierte die Lehrer einer Krankenhausschule für die Kinder der Kinderpsychiatrie Station des Krankenhauses. Ich wollte den Lehrern aufzeigen, wie man lösungsfokussiert mit Kindern und ihren Familien arbeiten kann. Zu diesem Zweck bat ich die Lehrer, eines der Kinder zusammen mit seinen Eltern und der zukünftigen Pflegerin zu uns einzuladen. Die eingeladenen Ärzte lehnten ab. Sie wollten nicht, dass ich mich in die Behandlung *ihrer* Kinder einmische. Sie dachten, meine Intervention könnte ihre Behandlung stören.

Ich wies darauf hin, dass ich nicht beabsichtigte, mich in irgendeiner Weise in die Behandlung einzumischen. Ich würde keine Probleme ansprechen und auch nicht nach Problemen in der Familie suchen oder irgendetwas in dieser Richtung. Ich würde nur mit dem Kind und anderen Teilnehmern an der Sitzung sprechen; und zwar darüber, wie es in der Schule läuft, welche Fähigkeiten das Kind für die Schule entwickeln sollte, und wie alle Beteiligten gemeinsam dem Kind Unterstützung bei der Entwicklung dieser Fähigkeiten geben könnten.

Aber meine Begründungen stießen auf taube Ohren. Die Ärzte der Station erlaubten mir die angestrebte Sitzung mit dem Klienten nicht. Dieser Vorfall gab mir zu denken. Ich dachte, wir müssten ein pädagogisches Konzept zur Arbeit mit Kindern entwickeln, das den etablierten Einrichtungen nicht auf die Füße tritt. Ein praxisorientiertes Konzept, das von den Leuten eingesetzt werden kann, die täglich mit den Kindern arbeiten. Ein Konzept, dass etwas bewirkt, aber nicht die psychiatrische Behandlung der Kinder in Frage stellt oder damit konkurriert. Etwas so Unterschiedliches, dass die Einrichtungen den gleichzeitigen Einsatz des Konzeptes mit deren etablierten Behandlungsmethoden dulden (die oftmals wenig wirkungsvoll sind oder lange brauchen um Ergebnisse zu zeigen).

3. Warum wählten Sie den Fokus auf diesen mitfühlenden, wertschätzenden Ansatz?

Das Konzept der „Wertschätzung" ist zentral in der lösungsfokussierten Psychologie. In vielen anderen Ansätzen sind es die professionellen

Fachkräfte, die dem Klienten sagen, was bei ihm falsch läuft (Diagnose) und die dem Klienten einen Behandlungsplan vorlegen. Lösungsfokussierte Psychologie basiert auf einem grundsätzlich anderen Konzept. Hier wird der Klient als Experte angesehen. Die professionellen Fachkräfte respektieren hier bewusst die Selbstbestimmung des Klienten und vermeiden eine Haltung wie „Ich, der Experte, sage Dir, was bei Dir falsch läuft und ich, der Experte, sage Dir, was Du dagegen machen kannst". Stattdessen ist die Haltung „Sage mir, was Du lernen musst, um glücklich zu werden und lass mich wissen, wie ich Dir dabei helfen kann".

Überraschenderweise wissen Kinder oft, was sie lernen müssen, um in ihrem Umfeld glücklicher zu sein und dasselbe gilt auch für ihre Eltern, die oftmals gut einschätzen können, welche Fähigkeiten ihren Kindern weiterhelfen können. Und das gilt auch für professionelle Fachkräfte, die im Rahmen dieses Ansatzes nichts diktieren, sondern am Gespräch teilnehmen im Sinne von „Ich frage mich, ob es nicht hilfreich wäre, wenn Du besser lernen würdest zu warten, bis Du an der Reihe bist? Was denkst Du?". Oder „Du bekommst oft Streit mit anderen Kindern. Denkst Du, es wäre hilfreich, wenn Du lernen könntest, die anderen Kinder zu ignorieren, wenn sie etwas sagen, was Dich verärgert?". Und adressiert an die Mutter: „Glauben Sie, diese Fähigkeit würde Ihrem Sohn weiterhelfen?"

4. Wie haben Sie mit diesem Programm in den ersten Jahren gearbeitet?

Ich habe mich regelmäßig mit den Lehrern der Keula Vorschule getroffen. Sie schilderten mir ihre Erfahrungen und wir nutzten dieses Feedback, um einzelne Schritte des Programms zu modifizieren, bis das Konzept rund war. Es war letzten Endes Versuchen und Schauen was funktioniert. Einige Ideen wurden fallen gelassen und andere wurden ganz elementar. Die Idee, über Fähigkeiten statt über Probleme zu sprechen, wurde zum Inbegriff dieses Ansatzes. Aber verschiedene andere Ideen, wie die, mit dem Kind zu planen, wie gefeiert wird, wenn das Kind die entsprechende Fähigkeit erlernt hat, oder die Idee, das Kind seine Unterstützer auswählen zu lassen, wurden ebenfalls wichtige Elemente des Programms. Wir lernten auch, dass die Methode nur funktioniert, wenn wir den Eltern erklären, was wir tun, und warum wir es so tun. So sind sie auf dem gleichen Stand wie wir und sind in der Lage ihr Kind zu unterstützen.

5. **Unsere Studien zu den Auswirkungen von „Ich schaffs" zeigten ein überwältigend positives Feedback von Anwendern und Klienten. Was ist Ihrer Meinung nach das Geheimnis des Erfolgs?**
Dies gilt nicht nur für „Ich schaffs" im Speziellen, sondern generell für die lösungs-fokussierte Therapie allgemein. Sie geht sehr respektvoll mit Klienten um. Sie basiert auf einem Menschenbild, das, wenn ich das so sagen darf, Vertrauen in Menschen setzt, auf ihre Ressourcen schaut, annimmt, dass jeder sein Bestes gibt, und jeder motiviert ist, seine Probleme zu lösen, wenn man sich ihm mit Wertschätzung und Respekt nähert. Menschen wertzuschätzen für das, was sie bereits richtig machen, ist bereits ein großer Schritt zum Aufbau einer vertrauensvollen Beziehung mit dem Klienten.

6. **Obwohl sich Ihr Buch „Ich schaffs" sehr gut in Deutschland verkauft, wird das Programm dennoch in Deutschland verhältnismäßig wenig in der Praxis eingesetzt. Haben Sie hierfür eine Erklärung?**
Ich werde oft gefragt „Hast Du statistische Zahlen, die den Erfolg des Programms belegen?" Seit Jahren muss ich aber sagen: „Leider nicht. Ich habe hunderte Beschreibungen erfolgreicher Fälle aus der ganzen Welt, aber ich habe keine harten, statistische Fakten".

Aber vielleicht beginnt sich dies mit Ihrer Studie zu ändern, wenn bekannt wird, dass „Ich schaffs" auch wissenschaftlichen Standards genügt. Eine völlig andere Sache ist, dass Entscheidungen darüber, welche Methoden gerade angesagt sind, oftmals nicht rational getroffen werden. Unser Gebiet unterliegt Moden und ist von Wohlwollen und Ablehnung der Entscheidungsträger abhängig. So ist z.B. in meinem Heimatland Finnland die Langzeit-Psychotherapie mit Kindern noch sehr weit verbreitet. Warum? Viele der Schlüsselpersonen wurden in Langzeit-Therapien geschult und tendieren daher zu einer Bevorzugung dieser Therapieform.

Leider ist – und war es auch immer – der Umgang mit psychischen Erkrankungen eher geprägt durch Politik als durch Wissenschaft.

7. **Ist die unterschiedlich in anderen Ländern? Falls ja, was sehen Sie als die Gründe hierfür?**

Dies ist für mich immer ein Rätsel. Warum mögen einige Leute sehr stark eine Idee, aber nicht eine andere und warum unterscheiden sich Länder so stark in Bezug auf ihre Präferenzen? Ich bin glücklicherweise in Deutschland eine Kooperation mit Thomas Hegemann eingegangen. Er ist Kinder-Psychiater und Ausbilder für Familientherapie, oder Systemische Therapie, wie sie in Deutschland genannt wird. Er hat sich dafür entschieden, diese Ideen in Deutschland weiter zu verbreiten und hat wunderbare Arbeit geleistet. In den Niederlanden hat Caroline Beumer, eine Psychologin und Therapeutin mit Erfahrung in Werbung und Marketing, geholfen die Ideen zu verbreiten. In Schweden habe ich über viele Jahre mit Stefan Görson zusammengearbeitet. Und da könnte ich noch viele weitere Beispiele bringen. Ohne diese Menschen, die für sich entschieden haben, diese Ideen in ihrem Heimatland zu verbreiten, wäre „Ich schaffs" nicht auf der ganzen Welt bekannt. Mein Gefühl sagt mir, neben enthusiastischen Individuen braucht es einfach auch Glück, damit eine Methode sich durchsetzt.

8. **Was sind die wesentlichen Voraussetzungen für die weitere Verbreitung des Programms in der Praxis?**

Ich denke, da gibt es eine ganze Reihe von Voraussetzungen, welche die Verbreiterung einer neuen Methode fördern. Zu allererst benötigen wir irgendeine Form des Nachweises, dass die Methode funktioniert. Dann benötigen wir Menschen, die sich für die Methode begeistern und sich auch öffentlich dafür stark machen. Wir brauchen Training, wir brauchen Literatur, wir brauchen Youtube Videos, wir benötigen positives Feedback von Kunden und Anwendern. Wir müssen auch hören, dass die Methode benutzerfreundlich ist. Dass Lehrern, Beratern und Therapeuten die Anwendung der Methode auch Spaß macht, dass sie ihnen die Arbeit erleichtert und die Beziehung zum Klienten verbessert. Damit eine neue Methode sich durchsetzt, müssen viele Dinge zusammen kommen. Die Medien müssen sich auch dafür interessieren, die Graphik muss ansprechend gestaltet sein, die Methode muss Werte repräsentieren, die von vielen geteilt werden. Es ist eine komplizierte Gleichung, zu kompliziert für mich, um sie voll zu verstehen. Beispielsweise habe ich keine Ahnung, warum „Ich schaffs" in den USA nur wenig verbreitet ist, während viele Australier die Methode sehr mögen. Das verstehe ich einfach nicht.

In vielen Ländern hat die Verschreibung von Medikamenten zur Behandlung von Problemen der Kinder überhand genommen. Vielleicht sind nun professionelle Fachkräfte bereit, nach Alternativen zur Medikamentenverschreibung zu suchen und da ist sicherlich „Ich schaffs" eine solche Alternative.

9. Aus unseren Studien ergibt sich, dass es als schwierig empfunden wird, die vollen 15 Stufen des Programms durchzuarbeiten. Kann das Programm auch mit weniger Stufen funktionieren?

Ja, sicherlich. Wenn ich die Methode unterrichte, empfehle ich den Trainingsteilnehmern, sich durch alle 15 Schritte des Programms durch zu arbeiten um ein Verständnis für jeden Schritt zu entwickeln. Ich sage aber auch, „dass Du, sobald Du mit der Methode vertraut bist, die Freiheit hast, die Methode Deiner Arbeitsweise anzupassen; Du kannst mit der Reihenfolge der Schritte experimentieren, Du kannst einige Schritte auslassen oder neue Schritte hinzufügen. Was immer für Dich und Deine Klienten passt".

Ich versuche immer, die Leute daran zu erinnern, dass „Ich schaffs" nicht als rigide Methode gedacht ist, die sklavisch Schritt für Schritt durchgeführt werden muss. Es ist einfach eine Sammlung guter Ideen, die sich bei der gemeinsamen Lösung von Problemen durch Kinder und Ihre Familien bewährt haben.

10. Einige der von uns interviewten Anwender stellten fest, dass manchmal nicht genug Menschen im Umfeld des Kindes bereit oder in der Lage waren, zu helfen. Falls das Kind nicht länger durch einen professionellen Coach unterstützt werden kann (z.B. weil dieser nicht mehr bezahlt werden kann, das Kind in Urlaub fährt, die Therapie beendet wird usw.), – wie kann dennoch eine nachhaltige Entwicklung der Fähigkeiten des Kindes sichergestellt werden?

Ich empfehle hier kreative Lösungen. Eine Möglichkeit ist die Wahl von Bezugspersonen oder anderen Personen außerhalb der Kernfamilie als Unterstützer für das Kind. Das Kind kann beispielsweise unterstützt werden von Onkeln, Tanten, Großeltern, Musiklehrern, Trainern im

Sportverein.... In vielen Schulen gibt es eine Art von „Buddy-System". Die im Rahmen eines solchen Systems ausgebildeten Schüler eignen sich als gute und zuverlässige Unterstützer.

Man kann auch mehrere Kinder zu einer Gruppe zusammenschließen, die sich gegenseitig beim Erlernen von Fähigkeiten unterstützen. Oft benennen Kinder ihre Hunde oder Katzen als Unterstützer. Wenn dies geschieht, sollte auch überlegt werden, wie denn das Haustier zum Erlernen von Fähigkeiten beitragen kann. Manchmal kann sogar eine tote Person, z.B. eine schon länger verstorbene Großmutter, als Unterstützerin dienen. „Was würde Deine Großmutter sagen, wenn sie hier wäre? Welchen Rat würde Deine Großmutter Dir geben? Würde sich Deine Großmutter freuen, wenn Du besser wärst beim ...?" Um die Suche nach Unterstützern auch international zu erleichtern, habe ich ein Computerprogramm unter dem Namen „Kid's Skills Online" entwickelt, das auf Englisch, Deutsch, Finnisch und Schwedisch zur Verfügung steht *(www.kidsskillsonline.com)*

11. Haben Sie abschließende Empfehlungen für die deutschen Anwender?

Ich hoffe, „Ich schaffs" findet noch weitere Verbreitung, da ich es für eine sehr anwenderfreundliche Methode halte und es sehr respektvoll mit Kindern und ihren Eltern umgeht. Es unterscheidet sich sehr von üblichen Methoden, bei denen professionelle Fachkräfte oftmals den Eltern die Schuld geben, den Kindern eine psychiatrische Diagnose stellen und psychotrope Medikamente verschreiben, die Einfluß auf die Entwicklung des Gehirns nehmen.

Es ist mir wichtig, darauf hinzuweisen, dass keine Methode an sich gut oder schlecht ist. Alles hängt davon ab, wie man sie anwendet. Wenn es flexibel, kooperativ und respektvoll angewendet wird, ist „Ich schaffs" eher hilfreich. Wenn es aber in autoritärer Weise angewendet wird, kann es möglicherweise mehr Probleme verursachen als lösen.

Wir präsentieren „Ich schaffs" oftmals als Methode, um Kindern bei der Überwindung psychosozialer Probleme zu helfen. Doch tief in uns wissen wir alle, dass „Ich schaffs" eigentlich nicht für Kinder gedacht ist. Es ist gedacht für uns Erwachsene, um uns Kindern, die emotionale oder verhaltensbezogene Schwierigkeiten haben, mit dem Respekt und der Wertschätzung zu nähern, die sie verdienen.

DIE AUTORINNEN & AUTOREN

Anja Becker, M.A., geb. 1985, Soziologin, derzeit in Ausbildung zur systemischen Beraterin am Odenwald-Institut. Wissenschaftliche Mitarbeit bei der *Firma Bentner Systemische Organisationsberatung & Personalentwicklung* in Darmstadt. Pädagogische Mitarbeiterin beim Hessischen Bildungswerk Darmstadt.
Kontakt: Pallaswiesenstraße 38, D-64293 Darmstadt
anja.becker@bentner.de

Ariane Bentner, Dr. phil., geb. 1958, Diplom-Pädagogin, systemische Organisationsberaterin und Supervisorin (IGST). Geschäftsleitung der *Firma Bentner Systemische Organisationsberatung & Personalentwicklung* in Darmstadt seit 1998. Autorin zahlreicher Fachaufsätze und Bücher.
Kontakt: Pallaswiesenstraße 38, D-64293 Darmstadt
ariane.bentner@bentner.de

Ben Furman, Dr. med., Psychiater, Direktor des *Brief Therapy Institute Finland,* Helsinki. International aktiver Trainer für lösungsorientierte Kurzzeittherapie. Entwickler der „Ich schaffs!"-Methode sowie Autor von mehr als 20 Büchern in den Themengebieten der Psychotherapie und der lösungsorientierten Psychologie.
Kontakt: *ben@benfurman.com*

Thomas Hegemann, Dr. med, geb. 1953, Facharzt für Kinder- und Jugendpsychiatrie, lehrender Coach und Supervisor (SG).
Kontakt: ich schaff's Institut, Sandstraße 41, 80335 München
hegemann@ichschaffs.de

Martine Neumann, geb. 1984, Studierende im Masterstudiengang Erziehungswissenschaften an der Goethe-Universität Frankfurt/Main. Praktikum bei der *Firma Bentner Systemische Organisationsberatung & Personalentwicklung* in Darmstadt. Alleinerziehende Mutter einer siebenjährigen Tochter.
Kontakt: Pallaswiesenstraße 38, D-64293 Darmstadt
info@bentner.de

Markus Ries, Diplom-Sozialpädagoge, geb. 1971, stellvertretender Leiter des Fachdienstes Jugendarbeit der Stadt Weiterstadt und systemisch-lösungsorientierter Berater. Langjährige Tätigkeit als Veranstaltungstechniker und Musiker. „Ich schaffs!"-Botschafter und „Ich schaffs!"-Elterncoach.
Kontakt: *markus-ries@gmx.de*

Julia Stephan, Bachelor of Science Psychologie, geb. 1988. Studentin im Masterstudiengang Psychologie mit dem Schwerpunkt Wirtschafts- und Personalpsychologie an der Technischen Universität Darmstadt.
Kontakt: *juliastphn@aol.com*

LITERATUR

Ainsworth, MD, Blehar, MC, Waters, E., Wall, S. (1978). Patterns of attachment: A Psychological Study of the Strange Situation. Hillsdale: Lawrence Erlbaum Associates

Antonovsky, A. (1993). Gesundheitsforschung vs. Krankheitsforschung. In: Franke, A. Broda, M. (Hg). Psychosomatische Gesundheit. Tübingen: dgvt

Antonovsky, A. (1997). Salutogenese. Zur Entmystifizierung der Gesundheit. Tübingen: dgvt

Bauer, C., Hegemann, T. (2008). „Ich schaffs!". Cool ans Ziel. Das lösungsorientierte Programm für die Arbeit mit Jugendlichen. Heidelberg: Carl-Auer

Bentner, A., Krenzin, M. (2011). Lösungsfokussiert gut beraten. Darmstadt: Surface Book

Bonsen zur, M., Maleh, C. (2001): Appreciative Inquiry (AI): Der Weg zu Spitzenleistungen. Weinheim: Beltz

Bowlby, J. (1988). Bindung als sichere Basis. Grundlagen und Anwendung der Bindungstheorie. München: E. Reinhardt

Buchheim, A. (2011). Sozio-emotionale Bindung. In: Schiepeck, G. (Hg.): Neurobiologie der Psychotherapie. Stuttgart: Schattauer, S. 339 – 346

Bude, H. (2008). Die Ausgeschlossenen. München: Carl Hanser

Conen, M.-L. (2008) (Hg.). Wo keine Hoffnung ist, muss man sie erfinden. Aufsuchende Familientherapie. Heidelberg: Carl-Auer

Furman, B. (2010). „Ich schaffs!" in Aktion. Heidelberg: Carl-Auer

Furman, B. (2010). „Ich schaffs!"-Arbeitsbuch. Heidelberg: Carl-Auer

Furman, B. Hegemann, T. (2011). „Ich schaffs!" – Trainingsbuch für Kinder. Heidelberg: Carl-Auer

Furman, B. (2011). „Ich schaffs!". Heidelberg: Carl-Auer

Grawe, K. (2004). Neuropsychotherapie. Göttingen, Bern: Hogrefe

Grossmann, K./Grossmann, K. (2004). Bindungen – das Gefüge psychischer Sicherheit. Stuttgart: Klett-Cotta

Haccoun, R. R., Hamtiaux, T. (1994). Optimizing Knowledge Tests for Inferring Learning Acquisition Levels in Single Group Training Evaluation Designs: The Internal Referencing Strategy. Personnel Psychology, 47, 593-604

Kirkpatrick, D. L. (1998). Evaluating Training Programs: The Four Levels. San Francisco: Berrett- Koehler

Lazarus, R.S. (1991). Emotion and Adaption. London: Oxford University Press

Mayring, P. (1990, 2. Auflage): Qualitative Inhaltsanalyse – Grundlagen und

Techniken. Weinheim: Deutscher Studienverlag

Menning, H. (2011). Positive Emotionen. In: Schiepeck, G. (Hg.): Neurobiologie der Psychotherapie. Stuttgart: Schattauer, S. 250 – 262

Moosbrugger, H., Kelava, A. (2008). Testtheorie und Fragebogenkonstruktion. Heidelberg: Springer

Roth, G. (2011). Bildung braucht Persönlichkeit. Wie Lernen gelingt. Stuttgart: Klett-Cotta

Schlippe, v. A., Grabbe, M. (2007). Werkstattbuch Elterncoaching. Göttingen: Vandenhoek & Ruprecht

Short, D., Weinspach, C. (2007). Hoffnung und Resilienz. Therapeutische Strategien von Milton Erickson. Heidelberg: Carl-Auer

Stelzer, T. (2009). Das übertherapierte Kind. In: ZEITMAGAZIN Nr. 32, 30.7., S. 12 – 14

Walsh, F. (2006). Ein Modell familialer Resilienz und seine klinische Bedeutung. In: Welter-Enderlin, R., Hildenbrand, B.: Resilienz – Gedeihen trotz widriger Umstände. Heidelberg: Carl-Auer, S. 43 – 79

Welter-Enderlin, R., Hildenbrand B. (Hg.) (2006). Resilienz – Gedeihen trotz widriger Umstände. Heidelberg: Carl-Auer-Systeme

Werner, E. (1977). The Children of Kauai. A longitudinal study from the prenatal period to age ten. Honolulu: University of Hawaii Press

Werner, E. (2007). Entwicklung zwischen Risiko und Resilienz. In: Opp, G., Fingerle, M.: Was Kinder stärkt. Erziehung zwischen Risiko und Resilienz. München: Reinhardt, S. 20 – 31

Werner, E. (2008). Wenn Menschen trotz widriger Umstände gedeihen – und was man daraus lernen kann. In: Welter-Enderlin, R., Hildenbrand, B.: Resilienz – Gedeihen trotz widriger Umstände. Heidelberg: Carl-Auer, S. 28

Wolter, B. (2005). „Resilienzforschung" – Das Geheimnis der inneren Stärke. Systhema 3/2005, 19. Jhrg. S. 299 – 304

Wrangel, v. C. (2009). Nicht noch einen Fall Kevin. In: Frankfurter Allgemeine Sonntagszeitung, 23. August, Nr. 34, S. 5

Ziegenhain, U. (2011). Sichere mentale Bindungsmodelle. In: Gloger-Tippelt, G. (Hg.): Bindung im Erwachsenenalter. Ein Handbuch für Forschung und Praxis. Bern: Huber, S. 151 – 172

ONLINE-QUELLEN:

Helikopter-Eltern. www.wikipedia.de/Zugriff am 12.07.2012

Staschek, B. (2006). Expertise Familienhebammen. Typoskript. www.familienhebammen.de/ Zugriff am 12.07.2012

Winterhoff, M. (2012).www.michael.winterhoff.com/Zugriff am 12.07.2012

Ben Furman

Ich schaffs!

Spielerisch und praktisch Lösungen mit Kindern finden – Das 15-Schritte-Programm für Eltern, Erzieher und Therapeuten

158 Seiten, 16 Abb., Kt,
5., unveränd. Aufl. 2013
ISBN 978-3-89670-500-6

Die Schultasche steht mitten im Flur, das Kinderzimmer ist seit Tagen nicht aufgeräumt, und am Morgen hing wieder die Schlafanzughose zum Trocknen über der Heizung. Manche Probleme mit Kindern scheinen sich auf Dauer einzunisten und allen Versuchen, sie aus der Welt zu schaffen, standzuhalten.

„*Ich schaffs!*" ist mehr als eine Sammlung von kreativen Ideen und Techniken. Dahinter steckt ein klares und gut nachvollziehbares Programm von 15 aufeinander folgenden Schritten. „*Ich schaffs!*" basiert auf dem lösungsorientierten Ansatz, dass Kinder eigentlich keine Probleme haben, sondern nur Fähigkeiten, die sie erlernen und verbessern können. Es hilft Kindern vom Vorschulalter bis in die Pubertät, Schwierigkeiten konstruktiv und spielerisch zu überwinden – seien es Verhaltensprobleme, Aufmerksamkeitsstörungen, Ängste oder einfach schlechte Angewohnheiten.

 www.carl-auer.de

Christiane Bauer/Thomas Hegemann

Ich schaffs! – Cool ans Ziel

Das lösungsorientierte Programm für die Arbeit mit Jugendlichen

Mit einem Vorwort von Ben Furman

200 Seiten, Kt, 3. Aufl. 2012
ISBN 978-3-89670-643-0

In keiner Lebensphase sind Menschen anfälliger für Probleme, die die eigenen Lösungsmöglichkeiten übersteigen, als in der Jugend. Viele Jugendliche reagieren mit psychischen Krankheiten, Süchten, selbstschädigendem oder gar kriminellem Verhalten auf diese ungeahnten Herausforderungen.

„*Ich schaffs! – Cool ans Ziel*" ist ein spielerisches und lösungsorientiertes Programm für die Arbeit mit 13- bis 18-Jährigen, das sich die Vitalität, Neugier und Begeisterungsfähigkeit von Teenagern zunutze macht. Das praxiserprobte Programm unterstützt Jugendliche darin, selbst gesteckte Ziele zu erreichen und Probleme hinter sich zu lassen. Die Leitidee: Lernen und Veränderung gelingen besser mit Zuversicht, Spaß und gemeinsam mit anderen.

Auf der Basis von Ben Furmans erfolgreichem Programm „*Ich schaffs!*" führen die Autoren durch die speziell auf Jugendliche zugeschnittenen 15 Schritte des Programms. Praktische Beispiele illustrieren die Vielfalt der Anwendungsmöglichkeiten in Pädagogik, Therapie und Erziehung.

www.carl-auer.de

Ben Furman

„Ich schaffs!" in Aktion
Das Motivationsprogramm für Kinder in Fallbeispielen

Aus d. Englischen v. Nicola Offermanns
Mit einem Vorwort von Thomas Hegemann

155 Seiten, Kt, 2010
ISBN 978-3-89670-743-7

Das aus Finnland stammende Motivationsprogramm *Ich schaffs!* ruft auch in deutschen Kindergärten, Schulen und sozialen Einrichtungen viel Begeisterung hervor. Was bislang fehlte, war ein Buch, das die Umsetzung in konkreten Situationen vermittelt.

Die Fallgeschichten, die der Psychotherapeut Ben Furman in diesem Buch zusammengetragen hat, umfassen eine große Bandbreite an Problemen, vom regelmäßigen Toilettengang bis zur Kontrolle des eigenen Gewaltpotenzials.

Im ersten Teil führt Furman kurz in die Grundlagen des Programms ein, stellt dessen 15 Schritte vor und erklärt sie anhand von Beispielen. Das Herzstück bilden 22 Fallgeschichten, die anschaulich zeigen, wie *Ich schaffs!* einzelnen Kindern geholfen hat, neue Fähigkeiten zu erlernen und ihre Probleme zu überwinden. Weitere Beispiele illustrieren die Anwendung der Methode in Gruppen, Schulklassen und einer ganzen Schule.

www.carl-auer.de

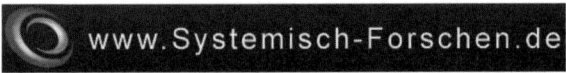

Internetplattform für Systemische Forschung

Einführung Systemische Forschung

▷ "Leitfaden" für die Durchführung systemischer Forschungsvorhaben

○ Systemische Forschungsmethoden

○ Was ist Systemische Forschung?

Vernetzung Systemische Forschung

○ Diskussionsforum

○ Kontaktbörse

○ Linkliste

Die Internetplattform www.systemisch-forschen.de ist eine Webseite für an systemischer Forschung interessierte Studenten, Praktiker und Wissenschaftler.

Ziel der Internetplattform www.systemisch-forschen.de ist es, ein Ort für Entwicklung und Austausch bezüglich systemischer Forschung zu sein.

Redaktion: Dr. Matthias Ochs

redaktion@systemisch-forschen.de

Einführung Systemische Forschung

Es gibt bisher keine allgemeingültige Definition dafür, was systemische Forschung ist und was nicht (und wird es möglicherweise - „zum Glück", werden einige vielleicht sagen – nie geben); es existieren jedoch vielfältige Überlegungen und Ideen. Die Texte unter „Einführung Systemische Forschung" sind Entwürfe, die kontinuierlich – ähnlich wie Wikipedia - weiterentwickelt werden: Eigene Entwürfe, Anregungen und Veränderungsvorschläge können, sollen, dürfen jederzeit der Redaktion zugemailt werden: **Hierzu wird ausdrücklich eingeladen!** Die Vorschläge werden dann zeitnah eingearbeitet.

Vernetzung Systemische Forschung

Eine „Kontaktbörse" soll es Studenten und Praktikern erleichtern mit Wissenschaftlern und Professoren in Kontakt zu kommen – und vice versa. Das Diskussionsforum ermöglicht den Meinungs- und Informationsaustausch über sämtliche Themen und Aspekte zu Systemischer Forschung. Eine Link-Sammlung soll die Vernetzung Systemischer Forschung fördern. Auch hierzu möchten wir Sie herzlich einladen:

Diskutieren, „kontakten", vernetzen Sie mit!

Initiator und Betreiber der Internetplattform Systemische Forschung sind die beiden Verbände: